极简时间管理

土豆、番茄和小明的七次对话

马芳 著

化学工业出版社
·北京·

内 容 简 介

时间是最宝贵而有限的资源,从这一意义来说,时间管理其实质是人生管理。时间本来就有限,有没有既简单又容易执行的时间管理方法?

《极简时间管理》以对话的方式简要阐述了时间管理的 16 项基本原则和 10 个简易方法,助力您有效管理时间、规划人生。本书精要:发现人生的使命 ⟶ 明确角色定位 ⟶ 树立正确价值观 ⟶ 设定目标 ⟶ 立即执行——做最重要的事! 看,是不是很简单? 至于怎样实现,就请到书中去寻找答案吧!

《极简时间管理》适合所有热爱生活的人,也适合对生活、学习和工作感到困惑和迷茫的人。

图书在版编目(CIP)数据

极简时间管理:土豆、番茄和小明的七次对话/马芳著.—北京:化学工业出版社,2022.2(2024.5重印)
ISBN 978-7-122-40398-8

Ⅰ.①极… Ⅱ.①马… Ⅲ.①时间-管理 Ⅳ.①C935

中国版本图书馆CIP数据核字(2021)第245054号

责任编辑:丁建华　陈　蕾　　　　装帧设计:溢思视觉设计/程超
责任校对:李雨晴　　　　　　　　插　　画:德众恩弘

出版发行:化学工业出版社(北京市东城区青年湖南街13号　邮政编码100011)
印　　装:大厂聚鑫印刷有限责任公司
880mm×1230mm　1/32　印张$7\frac{1}{4}$　字数145千字
2024年5月北京第1版第2次印刷

购书咨询:010-64518888　　　　　售后服务:010-64518899
网　　址:http://www.cip.com.cn
凡购买本书,如有缺损质量问题,本社销售中心负责调换。

定　价:39.80元　　　　　　　　　　　　　　　版权所有　违者必究

这可能是改变您未来的一本书

每个人都很喜欢一切尽在掌握中的感觉，然而，现实却是：每天忙忙碌碌，两眼一睁，忙到天黑……但是工作业绩没出来，被老板骂，甚至有失业的风险；没有时间陪家人，爱人不满，孩子生疏了，家庭关系紧张；父母年老，自己却在繁忙中，无暇尽孝，内心愧疚；每天在压力忧闷之下，身体也不好了……唉，真是悲惨的人生危机画面！

为什么会这样？是因为不够努力、不够勤奋吗？不是呀！事实上，很多人都很勤奋，从早到晚忙碌对不对？是因为才能不够吗？天生我材必有用，每个人都有自己独特的才能，只是有没有被发挥出来。那究竟是为什么？为什么每天那么忙，却还是没有成效？为什么感觉时间总是不够用？

忙到底好不好？其实，忙不是坏事，相反，闲也并不一定是好事，关键是看什么时候忙、都忙些什么、如何去忙。瞎忙、乱忙、盲、忙、茫，最后就陷入了"盲忙茫综合征"，随之而来的是身心的失调，后果很严重！怎么办？

——**进行时间管理！而不是被时间管理！**

什么是时间管理？简言之，时间管理就是管理自己，让自己有目标、有类别、有效率地使用时间，以解决有限的时间和无限的事情之间的矛盾问题。因此，如果能够做好时间管理，充分把握好自己拥有的时间资源，将是实现人生进阶的开端，可以说是成功的必修课程。管理学泰斗德鲁克就曾说过：

"不能管理时间，就什么都不能管理。"

大道至简，越简单越容易执行、越容易坚持，而执行和坚持，是将知道变成做到的关键。本书通过主人公小明和他的两位好朋友土豆、番茄的对话将极简时间管理的理念、方法和技巧以简单而实用的方式介绍给您，易学易用。

希望阅读本书能够对您有所裨益，尤其是年轻的朋友们，当面临工作、家庭、生活的忙碌以及房贷、车贷等各种压力，在人生中的关键时刻，做到未雨绸缪，相信您可以安然度过每道难关。希望"极简时间管理"助力您开启优雅从容的人生，享受云淡风轻的美好——努力耕种，静待花开……

现在，就让我们和小明一起登上时间列车，学习和体验极简时间管理之旅吧！

马 芳

番茄和土豆送给每位读者的 导读卡

- **1. 概念和实用小方法**

    时间是什么？ ⓟ9

    时间是最宝贵而有限的资源 ⓟ13

    时间账户 ⓟ17

    30秒电梯理论 ⓟ25

    柳比歇夫时间统计法※ ⓟ26

    时间价值分析 ⓟ29

    时间管理的实质 ⓟ34

    时间黑洞 ⓟ40

    一万小时定律 ⓟ45

    极简时间管理的最终目标：找到并完成人生的使命 ⓟ51

    番茄工作法※ ⓟ54

- **2. 立刻就行动——做最重要的事**

    发现人生的使命 ⓟ52，56

    明确角色定位 ⓟ52，59

    树立正确的价值观 ⓟ52，66

    设定目标（SMART原则※） ⓟ78

    目标分解（剥洋葱法※） ⓟ80

    选择目标（五步骤※） ⓟ84

    （WOOP模型） ⓟ86

    精要平衡原则（做最重要的事）※ ⓟ88

    人生导航仪——时间管理 ⓟ91

- **3. 成功的秘诀**

    分类顺序管理 ⓟ94

    时间管理矩阵 ⓟ103

    四象限原则※——把重要的事情都当成紧急的事情去做，扩大第二象限，缩小第一象限 ⓟ103，119

    分类管理的4D法则※ ⓟ121

    时间ABC分类法※ ⓟ122

    优先原则（六件事法则）※ ⓟ125

    二八法则（帕累托法则）※ ⓟ127

    时间记录原则※ ⓟ131

    日历清单管理原则※ ⓟ133

集中原则☆ ⓟ134

精简原则☆ ⓟ135

韵律原则☆ ⓟ136

统筹时间原则☆ ⓟ141

规划原则☆ ⓟ145

化整为零原则☆ ⓟ147

考虑不确定性原则☆ ⓟ148

克服拖延症 ⓟ157

制定有效计划（5W1H 提问法，五步骤）※
ⓟ164～173

执行计划（鲶鱼效应、PDCA 原则※）
ⓟ173～175

坚持——克服拖延症的五个技巧 ⓟ175

建立自动化高效工作方式 ⓟ183

建立简约工作流程（清单管理※） ⓟ184～188

善用工具 ⓟ188

习惯养成（21 天养成一个习惯※） ⓟ189

刻意坚持 ⓟ193

合作思维（有效授权※） ⓟ194

保持精力 ⓟ207

生理节奏法※ ⓟ208

情绪管理 ⓟ210

精力管理 ⓟ214

☆**基本原则**；※ **方法**；ⓟ **所在页码**。

目录

第1章 管理时间的价值 // 1
土豆、番茄和小明的第一次对话 // 3
一、忙=？ // 5
二、认识时间 // 9
三、时间账户 // 17
四、时间价值 // 28
五、认识时间管理 // 33
六、时间黑洞 // 40
七、极简时间管理系统 // 51

第2章 最重要的事 // 53
土豆、番茄和小明的第二次对话 // 54
一、使命 // 54
二、角色 // 59
三、价值观 // 66
四、目标的力量 // 67
五、精要平衡原则 // 88
六、人生导航仪 // 91

第3章 分类顺序管理：选择比努力更重要 // 93
土豆、番茄和小明的第三次对话 // 94
一、分类顺序管理的基本方法 // 94

二、分类顺序管理的优化方法 // 103
　　三、分类顺序管理的原则 // 125
　　四、分类顺序管理示例 // 150

第4章　克服拖延症 // 157
土豆、番茄和小明的第四次对话 // 159
　　一、制定计划确定去做 // 164
　　二、执行计划立刻去做 // 173
　　三、注重效率坚持去做 // 175

第5章　建立自动化高效工作方式 // 183
土豆、番茄和小明的第五次对话 // 184
　　一、简约流程化 // 184
　　二、善用工具 // 188
　　三、习惯养成 // 189
　　四、刻意坚持 // 193
　　五、合作思维 // 194

第6章　保持精力 // 207
土豆、番茄和小明的第六次对话 // 208
　　一、生理节奏法 // 208
　　二、情绪管理 // 210
　　三、精力管理 // 214

结束语 // 217
土豆、番茄和小明的第七次对话 // 219

后记 // 221

第1章

管理时间的价值

小明是本书中的主人公，我们以小明为例，来认识极简时间管理。小明出生时得到了两个礼物：土豆和番茄。土豆是工具（tool），里面有小明人生路上所需的所有时间管理方法策略和工具。番茄是会说话的定时器，有时候她和小明一样有困惑。下面我们就开始讲述小明和他的朋友土豆、番茄的故事。

土豆、番茄和小明的第一次对话

土豆：小明，今天忙吗？

小明：忙死了。脚后跟都不着地。

土豆：都忙啥了？

小明：别提了。本打算今天完成人力资源规划报告的，结果他们一直让我做这做那的。

土豆：那你的报告？

小明：一个字都还没开始呢！

番茄：呃……

小明疲倦地入睡了。土豆和番茄开始对话。

一、忙 = ?

土豆：现代人的一个普遍问题就是：忙碌。而且常常在忙碌之后，不知道忙了什么。每天从早到晚，感觉一直在忙，可是到了晚上，却仿佛忙了一天，啥也没干。翻开了书决定多学习，改变现实。但是却想"先看看微信有什么消息吧"，回了几条微信，看到推送的新闻，点开看了看，又看到几篇感觉不错的公众号文章，然后刷了刷朋友圈，在朋友圈中又看到了几个不错的短视频，不知不觉又跳转到短视频平台上刷视频了，等感到有些疲惫，却发现时间已经到了深夜，惊觉："再不睡觉，明天如何早起赶车上班？"躺在床上，却翻来覆去睡不着，想想自己过去一年起早贪黑忙忙碌碌，可是钱包依然瘪瘪的，也记不起有啥开心幸福的时光。于是不禁开始思考：为什么生活节奏越来越快，幸福感越来越弱？到底是竞争压力太大还是信息爆炸导致的负荷过量？自己一直在努力拼搏，但却发现离想要的生活越来越远。好像自己一直在拼命奔跑，然后突然发现：方向错了。然后开始茫然：路在脚下，但是跑道的终点在哪里？身后是拥挤的人潮，我们却无法停下，只好不停地向前奔跑。这个信息爆炸快节奏的时代，我们应该怎么办？如何在跑道的起点就找到正确的方向？

同时起跑，选择不同，结果不同。

同样是忙碌的人生，有不同的状态：

第一种，忙，但是非常有计划性，目标清楚明确，干劲满满，感受到的不是忙，而是充实。

第二种，忙，就是不知道怎么个忙法，反正每天感觉很忙，但是却不知道到底在忙什么，感到是盲目地在忙，以至于最后陷入了一种迷茫、茫然的状态当中。

盲目地忙碌导致茫然的状态，这就是盲忙茫综合征，被认为是一种新的情绪类的疾病。这种疾病被很多人忽视，意识不到它的存在，但是它带来的后果是人情绪的低落甚至抑郁等。然而，遗憾的是，直到抑郁了，也不一定能发现它的存在。

引发盲忙茫综合征的因素当然有很多，但有一个根本性的因素是：不懂得管理自己的时间。如果不对自己的时间进行管理，那就有可能会陷入这种综合征当中去。

番茄：不会这么严重吧？

土豆：给你看一个例子，一位成功人士的一个小故事。李总是一家公司的总经理，下面是他的一天。

李总经理的一天

6：00：李总匆匆吃好早饭，开车出门一路狂飙，冲到办公室，刚好8：00。

8：00：李总打开电脑，正准备看下新闻，回复一下邮件。人力资源部王经理敲门了。人力资源部王经理向李总汇报了昨天公司员工的工作状态和工作进展，并询问了新员工招聘的相关事项。李总作了一些回复。这一会谈，就到了8：30。

8：30：人力资源部王经理刚刚离开。技术部何经理来汇报工作了。李总一向很重视公司的技术工作，和技术部何经理进行了详细的会谈。这次会谈结束，就到了10：00。

10：00：董事长打电话过来，让李总去谈话，谈了一会儿有关公司长期发展的问题。谈话延续到了10：20。

10：20：李总准备布置下属工作。生产部赵经理又来请示新季度的生产计划和车间扩建的事项，解释这个问题花了较长时间，这就到了11：00。

11：00：对总经理助理小林送过来的文件等进行批示、处理；阅读文件、各类的报告、建议书等，中间不断有其他下属请示工作，李总经理的思路和时间不断地被分割和耽误，所以到12：00，还有一部分没有看完。

12：00：李总经理迅速吃过饭，与同事聊了会儿天，猛然想起董事长交代的公司长期发展规划报告还没完成，于是赶紧冲进办公室。一看表，12：45。

12：45：开始构思公司长期发展规划报告。

13：00：（敲门声响起）销售部孙经理来找李总经理，汇报了上季度的销售情况。并提出由于业务扩展太快，需要新招业务员。出于对销售工作的重视，李总经理和孙经理讨论了新业务员招聘事宜。讨论了1小时，最后由于对招聘专员的工作不放心，担心影响今年招聘工作的顺利开展，李总经理又让助理请人力资源部王经理过来一起会谈。准备亲自做相关计划。

14：00：由于孙经理和王经理的观点相左，李总经理、孙经理、王经理的三方会谈持续了2小时。时间到了16：00。

16：00：刚要写董事长交代的公司长期发展规划报告，后勤部吴经理又进来请示和审批，同时聊了一会儿个人的私事和公司最近的传闻。

16:30：因为吴经理反映部门内部团结问题已经影响到了工作，所以李总经理召开部门会议，但会议不仅没有达到预期目的，还拖延时间一直持续到了17:00。

17:00：下属们走后，已过了下班时间，没有时间完成报告了，李总经理只好带着未写完的报告回到家中，处理了一下家中的事务，一看已经21:00了。疲惫不堪的李总经理叹了一口气：看样子晚上又得熬夜加班了。

这就是李总经理忙碌的一天。为什么同样是忙，状态却不相同？为什么有的人总感到时间不够用？案例中的李总经理是不是很勤奋，从早到晚没停对不对？当然他也因为勤奋成为总经理，但是我们刚刚看到了他的一天是怎样度过的，有没有在影视剧当中（或者生活当中）看到过类似的人？他们的状态是怎么样的？现在你做何感想？李总经理的一天里面，有没有我们的影子？

番茄：哇！好像看到了小明的影子。

土豆：小明确实需要好好管理他的时间了。其实有太多的人需要好好管理自己的时间，从而不需要透支健康就可以获得更高的工作效率和更好的工作效果。

番茄：什么是时间呢？我是一个计时器，我是时间吗？

土豆：我给你介绍一下时间是什么，我们和时间做个朋友。首先，认识一下时间。

二、认识时间

土豆：时间是什么？

番茄：时钟？计时器？分分秒秒？

土豆：可以这么理解，但实际上这些都是时间的表现形式。先玩个小游戏。猜猜看：**世界上哪样东西是最常用又最容易被忽略的？可是没有它，什么事情都做不成。这是什么？**

番茄：这是什么？不知道哦！

土豆：答案是时间！我们每天都在使用时间，以至于我们常常忽略了时间的存在，意识不到分分秒秒的流逝。再问你一个问题：世界上最宝贵的东西是什么？

番茄：生命！财富！

土豆：如果你的答案是财富，那我来做个假设：如果你在银行开立了一个账户，每天早晨银行都会向你的账号拨款86400元。你在这一天可以随心所欲，想用多少就用多少，用途也没有任何规定。条件只有一个：用剩的钱不能留到第二天再用，也不能结余归自己。前一天的钱你用光也好，分文不花也好，第二天你又有86400元。

番茄：这可真是天大的好事啊！每天都有八万多啊！

土豆：请问，如果每天都有86400元进入你的银行户头，而你必须当天用光,你会如何运用这笔钱?

番茄:做梦吧?天下哪有这样好的事?

土豆:天下真有这样的好事,只不过,单位不一样。事实上,每个人都有这样一个户头,那就是"时间"。每天有24小时,每小时由60分钟组成,每分钟由60秒组成,总计就是8.64万秒。

天天都有这样的好事发生,我们每天都有"8.64万"。每天每个人都有24小时,谁都不会说我今天只有23小时,或者我今天有25小时,因为这是不可能的。不管你在什么时区来计算都这样。每个人每天都会有新的86400秒进账。所以这对我们每个人都非常公平,每天都有,但是不能储存。你不能说我今天不用,留着明天用。没用完,也存不了,那怎么去利用它?如果我们从财富的角度来比喻,想象一下,如果我们像中奖一样地,每天能够拿到8万多,其实比中奖还开心,因为中奖是偶尔一次,这个是天天有,我们就像一个大富翁一样地,每天拥有8万多。你想这是多么快乐的一件事。但是我们会不会使用它?怎么去利用它?

番茄:没有想过……

土豆:如果每天有这么大的一笔金额进账,我们肯定会有所反应的。但是,对于每天进账的这么大一笔时间财富,我们却常常没有感觉。每天每时每刻,我们都在使用时间,以至于我们常常忽略了时间的存在,也意识不到时间的宝贵。时间对我们而言,常常仅是一个计时工具。实在是太遗憾了!如果每天拥有那样一笔数字的资金,会吸引我们的视线，那么，每个人，每天，都拥有这样的一笔时间财富，我们又怎么可以视而不见、随意处置？

番茄：科学家们都是怎么看待时间的呢？

土豆：问得好！在数学家、科学家、投资家、哲学家、文学家等眼中，时间又是什么？这些著名的人物，他们对时间是有很深的领悟的，我们来提炼一下，加深对时间的理解。

> 数学家说时间是一串数字；
> 科学家说时间就是生命；
> 投资家说时间就是金钱；
> 哲学家说时间就是人生；
> 文学家说时间就是蓝天白云，云卷云舒，清风绿叶……

牛顿把时间最终定义为数学上的量。爱因斯坦认为，时间是一个实实在在的尺度。也有人说"时间就是效率""时间就是生活"。时间，这一司空见惯的名词，实在很难去描述。我们只能对新生儿说："恭喜你，你出生了，你有了一生的时间。"

番茄：时间到底是什么呢？

土豆：时间对于不同的人有不同的意义。对于活着的人来说，时间是生命；对于商人来说，时间是金钱，时间是资源；对于无聊的人来说，时间就是时间，没有什么可在乎的。对于绝大多数人来说，时间就是财富，是人生最大的资本。为什么说年轻就是资本，这话没错，因为年轻，你的时间存量更多，所以你的"资本"就更多。

番茄：哈哈哈，我还很年轻！

土豆：事实上，我们很难像定义任何一个实际的事物那样给时间下一个定义。当然，由于思维方式的不同，文学家、艺术家、科学家、哲学家对时间的定义是不同的，但是我们从他们的定义当中能够对时间有一个更全面的感知。时间是可以被感知的，我们可以以主观感受来感知时间。对于不同场景下不同感受或者不同状态的人来说，对时间的感知不一样。比如说，在充满希望的场景下，对有盼望的、快乐的人来说，对时间的感知是"时间是短的"，时间实在是太短，时间太宝贵了，时间过得"实在太快"，转瞬即逝；然而，在充满恐惧或者艰辛、困难的场景下，对害怕、痛苦的人来说，对时间的感知是"时间是长的"，时间的价值一文不值，时间过得"实在太慢"，时间意味着度日如年，像在炼狱。对有爱心的人、沐浴在爱河中的人来说，对时间的感知是"时间是静止的"，时间的价值超过黄金。所以我们看同样的时间，相同的时间量下，在不同的状态下，是完全不同的感受，这就是我们对时间的主观感受。

番茄：可是主观感受很不可靠啊！

土豆：没错！对时间如此截然不同的感知，让我们发现，以主观感受来感知时间，虽然可以作为一种时间的定义和度量，但是，这是不准确的。因为感觉常常是不准确的。因此，我们更常以客观度量来感知时间，比如由时钟、沙漏等计时工具规律地计算出的时间。因此，在这里，我们主要讨论的是具体的时间，是人们通常意义上定义的具体的时间区间。比如说长的如十年、一生，短的如一天、一周、一年，

一脸认真的土豆

更短的如1小时、1分钟等等这样的具体的时间间隔。

番茄：那到底怎么描述时间呢？

土豆：尽管时间的定义很多，但在这里，我们以管理学家德鲁克的观点来作为一个相对的界定。德鲁克认为：**时间是最宝贵而有限的资源**。那么，小番茄，再回答我前面的问题：世界上最宝贵的东西是什么？

番茄：时间！生命！

土豆：是的，时间是世界上最宝贵的东西，生命就是由时间组成的。金钱财富虽然可以拿来买东西，而时间比金钱财富更宝贵。再问一个问题：请问世界上存在公平的资源吗？

番茄：世界上有公平的资源吗？

土豆：当然有！答案就是时间。是不是很令人兴奋？这样一个宝贵而有限的资源，人人都平等地拥有！

番茄：哇，太棒了！

土豆：当我们老了、头发白了，时间却不会停下脚步。正如孔子所说:"逝者如斯夫,不舍昼夜。"青春终将会逝去。这就是时间的力量。我们不是时间的主人,无法命令时间什么时候走什么时候停。正如莎士比亚所说:

> 时间的无声的脚步是不会因为我们有许多事情要处理而稍停片刻。

番茄:想象一下我老了的样子……啊!我不要变老!

土豆:如果你旅游的时候看过大峡谷的话,会看到大峡谷就是时间雕琢出来的一个非常雄伟的作品。当我们身临其境到大峡谷的时候,我们真的会感受到自己的渺小,感叹大自然的力量真的是非常巨大,历经多年的冲刷,形成了鬼斧神工之作,这就是时间的力量。岁月的洗礼,会让我们看到时间走过的痕迹。虽然随着时间的流逝,我们的容颜会发生改变,但是我们的成就是随着时间流逝而流逝,还是随着时间流逝而增加?我们人生的意义在哪里?你珍惜人生吗?你想在有限的人生岁月里满载祝福吗?

时间对每个人都是公平的。有一天,也许我们什么都没有,但只要还有时间,就可以重新拥有一切。时间是我们最宝贵的财富。如果你感到缺乏资源,比如金钱、人脉等等,那么就请好好把你的时间资源加以管理,以弥补其他资源的不足,因为时间资源的正确使用可以创造出其他的资源。时间是我们生而有之的资源,如果我们不好好地去发掘它、使用它,那真的是太可惜了。

那么,每天面对这样一笔宝贵的资源,我们如何有效使用呢?这个问题恐怕需要花点时间来考虑。

番茄:我要珍惜时间!

土豆:关于时间,我们需要记住:**时间是我们和他人一样拥有的最宝贵、最有限、最公平的资源,每个人都生而有之,同样也是每个人的人生、生命的构成。**

善用时间,就是善用资源、资产、资本和财富;善于管理时间,就是善于管理资源、资产、资本和财富;善待时间,就是善待人生,善待自己。

早点休息吧!

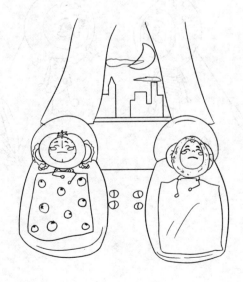

三、时间账户

1. 开立时间账户

土豆：番茄，你知道吗？每个人有各种各样的账户。不过，每个人与生俱来都拥有一个相同的账户，却很少有人去关注。你知道这个账户是什么吗？

番茄：不知道。

土豆：是时间账户！每个孩子一出生就拥有了这个时间账户。这个预设的时间账户里面预存的"金额"（时间长短）每个人都不一样。但是，每个人每天所拥有的数额是一样的，每个人每天都只拥有24小时。有的人毫不关心或者说没有意识到，一天24小时，一分一秒、一天一天就这样过去了，然后，突然有一天发现："哎呀！我怎么虚度了这么多的年华？"

番茄：时间账户长什么样子？

土豆：就像一张会计报表T形账户。一端是收入，一端是支出。收入就是我们收入的时间；支出就是我们支出的时间。我们每天可以计算一下这张报表。比如，以前面李总经理的一天为例子。假设一天24小时，李总的正常睡眠时间为8小时，路上通勤时间单程2小时，早上8点上班，如果不考虑路上堵车，那么李总需要6点出发，大约5点半需要起床。8点到8点半，准备一下，进入工作状态。下面从0点开始算起，给出李总一天的时间账户表（表1-1）。

表 1-1 李总经理的一天时间账户表

时间收入/分钟	时间支出/分钟	时间支出项目名称
1440	330	睡眠
	30	洗漱及早餐等
	120	通勤
	30	准备工作，与人力资源部经理会谈
	90	与技术部经理会谈
	20	董事长召见
	40	布置下属工作
	60	批示、处理文件、报告、建议书等
	45	午餐，和同事聊天
	15	构思公司长期发展规划报告
	60	和销售经理讨论业务员招聘事宜
	120	拟定招聘计划
	30	下属来请示和审批，聊天
	30	开会
	120	通勤
	120	晚餐，处理家事
	180	熬夜加班写报告

土豆：你看，李总经理忙碌的一天就是这样度过的。因为经常需要加班，压缩了睡眠时间。

番茄：所以从今天开始，我们不仅仅要关心我们的财务收支平衡，也要关心时间收支平衡。

土豆：对！因为时间就是金钱，时间就是生命，时间就是一切。如果没有了时间，我们还有什么？什么都没有了，到生命的终点什么都带不走。想一想，如果今天就是生命的终点，什么是你最想做的？

番茄：什么是我最想做的？没有想过……

土豆：什么是你认为最重要的？

番茄：好像很多都很重要。

土豆：从终点出发，把终点当作起点，以终为始，我们对我们的生命、对我们的人生就会有一个全新的认识，对我们认为重要的事情、重要性和紧急性的分类，就会有一个新的认知。我们乘坐时光机，去看看小明的过去，然后你以小明为例，来理解一下时间账户。

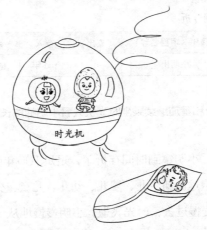

土豆向番茄解说：小明出生了，大家都在欢天喜地地欢迎这个新生儿。这个新生儿被开立了一个时间账户，一张时间存折，里面存了足足100年（表1-2）。

表 1-2　小明的时间存折

日期	摘要（项目名称）	支出	存入	余额	操作
×年×月×日	小明出生	0	100 年	100 年	×××

土豆和番茄继续乘坐时光机去看小明的成长旅程。

番茄：你看，小明拿到时间存折了，足足 100 年啊！小明兴奋地开启了他的人生旅途。新生儿、婴儿、幼儿、儿童、少年、青年……一天一天，日子慢慢过去，时光飞逝，小明慢慢地从一个呱呱坠地的新生儿成长为一个青年人。

土豆：是的，他的一生时间已经开始使用了。可惜他并没有统计他的时间支出。一般来说，我们在银行开户之后，会获得一张存折，现在大多数是老人在使用。目前普遍流行的是银行卡，以及第三方支

付，以后也许载体还会变成别的。但是，终归是存在某种形式的凭证和数据信息资料。类似地理解一下，每个人一出生就拥有了一个时间账户，相应地也就拥有了一个时间存折，或者时间卡。时间存折的形式就像表1-2那样。如果有记录时间支出的习惯，再进行统计分析，每个人一生时间的用度其实都可以用一张时间存折表来反映。比如，当前，我国企业职工法定退休年龄是：男职工年满60周岁，女职工以（女工人为例）年满50周岁。如果20周岁参加工作，那么到退休，工作时间为：男职工40年，女职工30年。假设平均寿命为80岁，且都活到80岁。以男职工为例，他们的一生可能是这样度过的：睡觉26.6年；工作13.3年；个人卫生3.4年；吃饭8.4年；旅行3.3年；交通5年；学习11年；开会3年；打电话2年；找东西1年；其他3年。其中工作按8小时工作制计算。那么时间存折可以如表1-3所示（操作栏省略）。

表1-3 一生时间存折

日期	摘要（项目名称）	支出/年	存入/年	余额/年
×年×月×日	出生	0	80	80
×年×月×日	睡觉	26.6	0	53.4
×年×月×日	工作	13.3	0	40.1
×年×月×日	个人卫生	3.4	0	36.7
×年×月×日	吃饭	8.4	0	28.3
×年×月×日	旅行	3.3	0	25
×年×月×日	交通	5	0	20
×年×月×日	学习	11	0	9
×年×月×日	开会	3	0	6
×年×月×日	打电话	2	0	4
×年×月×日	找东西	1	0	3
×年×月×日	其他	3	0	0

土豆：看到这张存折，是否可以感到时间如此有限？能用于创造价值的时间更有限。

番茄：哇！时间真是太不够用了！可是为什么上面的表中只有80年的时间收入？

土豆：本来在时间银行开户之后，获得的这张时间存折存量可达100年。为什么到不了一百年存量就不够了？由于不善于管理时间、管理健康，健康透支了，那生命的终点可能就到不了100年了，余额清零。而且我们每天都从时间存折上支取，这样就只有支出，没有办法增加实质性的时间收入。也就是说存折上预存的金额，我们只能每天去支取,每天支取24小时,就这样,时间存折上的数字会越来越少、越来越少,直到生命的终点。这也是时间财富和货币财富的区别。时间不能储蓄、不能传递,每个人拥有自己的时间财富,使用自己的时间财富。

番茄:希望小明也清楚这些知识。

土豆:没关系,我们可以帮助他学习这些知识。番茄,你看,这是小明的时间账户开立时间:出生时。所以小明的时间账户,在一出生就获得了。表1-4是小明的一生时间账户表。他一生的时间收入是100年,也就是876000小时。后面的时间支出和具体的支出项目就取决于他怎么使用时间了。

表1-4 小明的一生时间账户表

日期	摘要(项目名称)	时间支出/小时	时间存入/小时	余额/小时
×年×月×日	出生		876000	876000

番茄:小明的时间总收入还真不少,我们要帮助小明善用时间。

土豆:是的。事实上,每个人一出生就获得了属于自己的时间账户。时间总收入:100年。自动销户时间:死亡时。如果今天就是销户时间,你最想做什么?

番茄:(思考中)呃……

2. 磨炼时间的感觉

番茄:时间过得真快啊!一上午就过去了。

土豆:对啊,你能感觉到时间的流逝吗?

番茄：没感觉。

土豆：每个人每天都只拥有24小时，每小时由60分钟组成，每分钟由60秒组成，那么一分一秒重要吗？

番茄：应该重要吧！因为一分一秒组成了时间。每60秒就组成了一分钟。但是，一分钟能干什么事情？

土豆：让我们来看看一分钟的价值。一分钟可以做些什么？一分钟可以推销出去一件产品，一分钟可以决定一场球赛的胜负，一分钟可以回忆一天的事，一分钟可以记忆三个单词，一分钟可以打开电脑，一分钟可以发一条微博或者微信。所以，不要放弃每一分钟。德国动画导演Michael Reichert以夸张的线条和幽默的笔触，描绘了一只苍蝇在短短的一分钟生命中的各种精彩。故事大意是这样的：

清晨，黎明的霞光映射到大地上，在一片寂静中，一片郁郁葱葱的小树林中，某片带着露珠的树叶上，有一枚毫不起眼的虫卵。过了不久，虫卵里面的新生命出现了。一只小苍蝇看起来很快乐，对四周充满了新鲜感。遗憾的是，它头顶上的计数器显示它只有一分钟的生命。一分钟？如此之短，该如何度过？生命为什么这么短暂？正当它惊慌失措之时，一张前辈曾用过的清单飘到它的手上，上面清楚地列出了一分钟之内它可以做到的事情。在接下来的一分钟里，这只苍蝇开始了它短暂而辉煌的一生……

土豆：想象一下：如果你的人生只有一分钟，你会何去何从？

番茄：啊？！一分钟，我真不知道我能干什么。

土豆：是的，一分钟，是非常快的，我们常常都感觉不到它，但是，在麦肯锡咨询公司，有一个**30秒电梯理论**❶，30秒！一分钟的一半，也就是说，在电梯里面用30秒的时间，就可以达成一单交易。

番茄：非常了不起的半分钟！

土豆：所以，对于我们来说，人生就是由一分一秒组成的。每一分钟每一秒钟组合起来，就形成了我们生命的长度。平时，我们可能不太会留意一分钟。其实，不要说一分钟，就是五分钟，一眨眼睛，时间就从我们身边溜走了。但是，从现在开始，让我们感受每一分钟的存在，聆听时间的声音。当我们能够听到时间的声音，感受到每一分钟是怎样从我们手上流过去的时候，我们就会开始对时间段有了新的敏感度。

番茄：怎么感受每一分钟的存在呢？

土豆：首先，让我们从现在开始，重视每一分钟！前面的故事，我们都看到了，一分钟可以干这么多事情，那想一想我们浪费的每一分钟，就是浪费了这么多可以去做的事情。然后我们还说："哎呀！没有时间。""好紧张啊！""没有空啊！"现在我们还能这样说吗？没有时间？不是没有时间，是没有重视每一分钟。重视每一分钟从重视每一秒钟开始，因为一分钟由60秒组成，但是是不是在这样去重视的时

---

❶麦肯锡要求公司员工凡事要在最短的时间内把结果表达清楚，凡事要直奔主题、直奔结果。这就是如今在商界流传甚广的"30秒电梯理论"，或称"电梯演讲"。

候，会觉得很焦虑呀？

番茄：哎呀！滴答滴答滴答滴答，时间过去了事情还没有做好！

土豆：不需要这样子，我们只要能够感觉到时间在流逝。关于这一点，柳比歇夫❶奇特的一生是非常好的例子。他有统计时间的习惯，并且能够随时感受到时间的流逝，和时间亲密相处，在有限的时间里完成了许多的事务，取得了众多的成就。你感受一下你的番茄钟走完60秒的声音。

番茄：我还从没有认真听过我的秒针移动的声音呢。

土豆：是不是很棒？感受到时间的流逝，享受这种感觉。然后，在这种时间流逝的过程当中，做好时间统计与分析，做我们该做的事

---

❶ 柳比歇夫（1890—1972），苏联昆虫学家、哲学家、数学家，他数十年如一日对个人时间进行定量管理，创立和完善了**柳比歇夫时间统计法**。该方法使人们能正确认识自己的时间利用状况，并养成管理自己时间的习惯。

情，按部就班一件一件去做好。同时有一点要注意的就是不要设置太多的事项，同一个时间段里事情太多，再怎么管理也是做不好的，只会增加心理的焦虑。最好每日安排三件事。

番茄：哎呀！每天很多事情，一天怎么可能只有三件事？

土豆：对，一天各种各样的杂事可能加起来有好几十件。没关系，一天重要的事情只安排三件，其他那些一分钟两分钟就能处理掉的杂事，时间一到立刻做掉，然后清空。每天只需要完成三件事，感觉是不是好多了？

番茄：太好了！就三件事情！

土豆：只要每天坚持去做，每天完成三件重要的事。你算一下，每天三件，一个月多少件？一个月按30天来计算，一天三件。很容易计算，三三得九，90件。很惊人的数字是不是？不知不觉一个月做了90件重要的事。

番茄：那可能也有重复的事情啊！

土豆：没错，重复的事情可能会有，也许每天我们都只有这三件重要的事，那一个月下来这三件重要的事一定会合成为一件对你影响非常重大的事，这就代表着一个重大任务的完成，感觉是不是很好？

番茄：好极了！

土豆：从数量、从质量、从事件本身的重要程度来选择：每天三件事。另外，磨炼时间的感觉就是抓住现在，对每一分钟做最好的使用。

四、时间价值

1. 时间价值是什么

小明下班回来了。

小明：今天又忙了一天，我每天这么辛勤地工作，每个月只领到6000元工资。

土豆：嗯，你的时间价值还可以再提高一点。

小明和番茄同时说：什么是时间价值？

土豆：**时间价值可以理解为单位时间里的价值体现**。通俗地说，时间价值是你每付出的一小时或者一分钟可以得到多少价值回报，这个价值常常用薪酬来表现。比如，你工作一小时，老板支付你100元，那么这就是你的时间价值，你的一小时价值100元。比如说把年收入列出来，然后年工作时间列出来，每天工作多少小时，那么这样就可以算出每天的价值、每小时的价值、每分钟的价值。所以，不要算年薪，不要看总量，要算单位时间的时间价值，算时薪是多少，这才是时间价值，这个才能衡量你的价值，才真正能够测出你的时间投入的回报。当然，如果一开始少一点也没关系，可以通过努力学习，提高技能，提高自己的时间价值。

明白了时间价值的意思，小明偷偷问自己："我的时间价值是多少？"

2. 时间价值分析

小明：我每个月领到6000元工资。如果按照一个月20个工作日计算，我一天的工作值300元。隔壁小王的工资比我的高很多，他一天值多少？其他人又是什么情况？

土豆：我们可以通过时间价值分析表来分析自己的时间价值（表1-5）。

表1-5 时间价值分析表

税后年收入/万元	税后月收入/千元	年工作时间/天	日工作时间/小时	每天价值/元	每小时价值/元	每分钟价值/元
2	1.67	254	8	78.74	9.84	0.16
4	3.33	254	8	157.48	19.68	0.33
6	5.00	254	8	236.22	29.52	0.49
8	6.67	254	8	314.96	39.36	0.66
10	8.33	254	8	393.70	49.21	0.82
12	10.00	254	8	472.44	59.06	0.98
14						
16						
18						
20						
…						

注：税后月收入计算按照一年12月计算。

对照时间价值分析表看一下，可以找出或类似算出自己的时间价值。常常算了之后，我们会对自己有新的认识和发现。

也可以根据去年的收入和工作投入时间，计算出每天每分钟的价值,看看这样的时间价值是不是还有提升的空间,再列出一个想要达到的目标,把它算出来,那么这就是前进的方向(表1-6)。

小明对照着时间价值分析表看了看,算了算,发现自己处在8万挡,于是他想:"怎样提高我的时间价值呢?"

表1-6 当前时间价值与目标价值分析表

年收入/万元		税后月收入/千元	年工作时间/天	日工作时间/小时	每天价值/元	每小时价值/元	每分钟价值/元
去年	8	6.67	254	8	314.96	39.36	0.66
目标	12	10.00	254	8	472.44	59.06	0.98

土豆:光有目标还不行,还要有行动。要怎么达成目标呢?

番茄:提升技能是必须的。提升了技能,再寻找到好的机遇,实现目标就不是难事了。

可是,小明说:哪有时间去提升技能啊?每天工作忙忙碌碌的,下了班累得就想躺在沙发上睡觉,或者看电视放松一下。

土豆对小明说:时间对每个人都很公平,每个人都是一天24小时,大家上班都很忙啊!如果你下班了就看电视、刷手机,那时间同样也是消耗了,可是时间价值却没有提升哦!

小明说:那怎么办?

土豆对番茄说:你告诉他怎么办。

番茄说:设定一个番茄钟,你在沙发上小憩25分钟,闹铃响起时,起来学习,提升技能。因为时间等于一系列的事件;时间价值分析法可以根据$E=mc^2$（能量=质量×速度^2），进而得到收获=价值×速度^2（$G=vc^2$）。所以，**第一，选择做最重要的事（这样可以提升所做的事件的价值，也可以提升投入时间所产生的价值）；第二，在单位时间内做最多的事（提升做事的效率和速度）。**

小明：噢，时间过得这么快，100年好像不够用，还能延长吗？

番茄：我们有什么办法可以往时间存折里面存入更多时间吗？

土豆：虽然我们没有办法让实质的时间增加，但是我们可以改变时间的价值，也可以通过交换提高时间价值。也就是说每一分钟都是有相应的价值的，我们虽然没有办法让这一分钟变得更长，我们也没有办法为我们的生命增加一分钟，但我们可以让这一分钟的价值增加，这样的话相应地也就是让时间增加了。因为时间价值增加了，所以，总的时间可以看作是增加了收入。这就涉及时间管理，也就是说我们可以**通过时间管理来有效地使用时间，并且能够增加时间价值**，这样，就相当于增加了时间的总收入，相当于把时间存折上的收入数字增加了，也就是相当于无形地延长了我们的生命。

小明：可以创造时间吗？

土豆：你可以通过提高工作效率来节约时间，这样是不是就是相对地创造了时间？

小明：嗯，无论如何，看来得好好管理我的时间。

番茄：小明，你终于意识到了要管理时间，真是太好了！

小明：可是我不知道如何管理时间！

土豆：我们先来认识一下时间管理吧！

五、认识时间管理

1. 时间的特性

土豆：时间是我们和他人唯一拥有的最公平的资源，也是每个人最大的资本和财富。时间是非常奇妙的，它不可逆，不可再生，没办法开源，没办法节流，也不可取代。

根据前面对时间的定义，可以发现时间具有以下9个特性：

可度量性：时间是有尺度的，是可以被度量的，时间可以通过钟表来度量，比如一分钟、一小时；时间也可以通过日历来度量，比如一天、一个月；由于不同区域的差异，时间还可以用多种标准来度量，比如世界时、北京时间、伦敦时间、洛杉矶时间，等等。世界时是以地球自转运动为标准的时间计量系统，又称格林尼治时或格林尼治时间。各地的地方时与世界时之差等于该地的地理经度，所以地球上不同区域会存在时差，这是从计量的角度来考虑的。

客观性：时间是客观存在的，不以人为意志而转移。

公平性：时间对每个人都是一样的，不会张三一天有24小时、王二一天只有15小时。

供给毫无弹性：时间每天只有一定的定量，不会多也不会少，不会增也不会减。

无法储蓄：时间无法像钱一样，存在银行，等需要的时候再支取，时间每天定额定量，过期作废。

无法取代：没有什么可以取代时间，什么都可以没有，就是不能没有了时间。

易于消逝：时间不会停止，滴答滴答一直向前，一不留心，时间就消逝了。

无法逆转：时间过去了，就不会再回来，昨天过去了，就翻过去了，再来的就是今天、明天，无法回到昨天。

无法再生：时间不能通过机器设备再次生产出来。

因此，鉴于时间的这9个特性，对于时间管理来说，其核心不在于时间，而在于自己。我们所能选择的只能是把自己管理好，通过管理好自己，管理好时间，忘记过去，面向未来。

2. 时间管理的实质

土豆：从字面意义上来讲，时间管理就是管理时间。可是，时间是客观存在的，时间能被管理吗？通过管理时间，一天24小时，能变成28小时吗？从客观存在角度，是变不成的。但是，从做事情的成效来说，是可以的，不仅能变成28小时，还可以变成32小时。这就是时间管理的核心和精髓。如何让一天的时间价值，从24小时变成28小时，甚至32小时？一份时间，如何产生2倍、3倍甚至5倍、6倍的效益？这些，都是可以通过有效的时间管理达到的。而首先需要做的，就是改变自己。因为**我们可以改变的是自己，是自己的状态，我们很难改变环境，但是我们可以选择改变自己。改变自己是解决一切问题的关键因素。**

所以，从这些意义上说，"时间管理"就是"自我"管理，是管理

"自己"，是改变个人习惯，令自己更富绩效。什么是绩效？把事情很快地做完，叫做效率；把事情很快又正确地做完，叫做绩效。时间管理的问题不在于时间本身，而是在于如何善用及分配自己的时间。

管理时间或是被时间管理。

很多人都清楚"一寸光阴一寸金"的含义，这是用来比喻时间宝贵的劝言，提醒世人应该珍惜时间，好好地利用时间。因为时间是会不断地流逝的，它比金子还贵重。这个理念至今仍然放之四海而皆准。在当前社会，竞争激烈，不进则退，现代人感到每天很忙碌，必须有效地利用每天的办公时间将计划的事项完成。而时间管理，其实属于自我管理，那么就需要学习如何管理自己以便按时把工作完成，这可能就需要改变个人的工作习惯。人的一生时间是有限的，也许是80年，这一生里每个人都想成功或能够有所成就。人从出生以后，所获得的时间资源都是一样的，从时间的角度，大多数人成功的机会原则上是一样的，但是为什么过了30年或者40年以后会有不一样的成就？因为他们对时间做了不同的使用。有些人从小就努力学习，勤奋工作，当然他会比其他人更快速地积累更多的智慧与经验，而且更有可能有机会不断上升。相反，也有一些人不努力学习，工作既不认真也不勤快，而且把时间浪费在吃喝玩乐上，也许他只是不够自觉，但是他的时间已经在不知不觉当中溜走了。

时间管理的实质，可以说就是人生管理。随着时代的变迁，各种科技手段的变化，社会环境的变化，人们对时间管理的理论、方法、工具、技巧也是在不断地实践学习、总结演进中，用于提高人生质量。

人生只有一次，有限的人生该如何度过？该怎样在有限的人生中有所作为？这正是时间管理的根本，是时间管理的理论、方法、工具、技巧等不断发展的动力，也是我们每个人都需要思考的。

3. 时间管理理论核心的演进

土豆：为了更好地理解时间管理的概念和内容，这里简要介绍一下时间管理理论核心的演进，也就是时间管理理论的变迁。这样就可以对包括现在仍然在使用的一些方法和技巧有一个初步的了解。一般来说，**时间管理理论演进分为四代。**

第一代的时间管理理论的核心是提醒。主要工具是便条与备忘录。比如什么时候写报告、什么时候开会等利用便条、备忘录和记事本之类来记录。它的优点是会逐步完成待办事项，每完成一件事都会有成就感。缺点是这种成就并不一定符合人生目标，最重要的事就是当前的事，因为忽略长期规划，而疲于应付当下。

第二代的时间管理理论，强调日程管理。主要工具是行事历与日程表。第二代的时间管理方法利用纸质或电子的安排表、效率手册等工具来安排工作事项，更注重计划性，反映出时间管理已经注意到规划未来的重大事件。它的优点是准时和有计划性，通过制定目标与规划完成比较多的事情，并且可以留出时间来事先准备充分，发挥实效。缺点是最重要的事就是时间表上的事，对事物仍然没有轻重缓急之分，如果目标太多，实现更多的目标却未必能够满足真正的需求。

第三代的时间管理理论，强调优先顺序、效率为主的观念。这一代的理论能设立短期、中期和长期的工作目标，根据不同的目标来分配各自的工作重点、安排工作时间。它的优点是能够将价值观化为目标与行动，能发挥短、中、长期目标的效果，效率提高，更具有管理技巧。缺点是价值观未必符合自然规律，并且优先顺序因价值观而异，同时过分强调效率反而会适得其反。

第四代的时间管理理论，是在前三代时间管理理论的基础上提出的集大成的时间管理理论。提出了一些新的理念，提出关键在于自我管理，而不是时间管理。侧重于先做重要的事，注重多方面平衡，改变思想，而不是改变行为。前三代的时间管理理论，比较注重完成工作的时间和工作量。第四代的时间管理理论，更注重个人的管理，注重产能、关注环境，关注工作是不是具有有用性。

所以可以比较一下：第一代着重利用便条和备忘录，在忙碌中调配时间和精力；第二代强调行事历与日程表，注意到了规划未来的重要性；第三代依照轻重缓急设定短、中、长期目标，再逐日设定实现目标的计划，让有限的时间和精力加以分配，争取最高的效率；第四代是重要的事先做，兼顾重要性与紧急性，享受多方面，注重改变思想，而不是改变行为。所以，可以看到有关时间管理的研究其实已经是有相当长的历史了。其中每一代都是以前一代为基础，逐步发展和完善，每一代也都有各自的优点和缺点。

随着时间的流逝，随着科技与社会的进步，时间管理的理论、方法、工具、技巧、策略还在不断演变当中，是属于动态发展的。这也是时间管理为什么不会过时的原因，因为它是与时俱进的。

4. 时间管理的目的

土豆：我们这里所探讨的时间管理，是**极简时间管理**，是由内而外的，探寻内心的平静，追寻梦想，聆听内心的声音，随心而动，追求的是**用简单的方式开展时间管理**。所以，当我们担心学习时间管理后会变成没有灵魂的机器人，那说明我们并没有真正明白时间管理的根本目的。**时间管理只不过是让我们追求幸福生活、实现人生梦想的有效工具**。或者，更直观地说，时间管理给我们带来的最起码的好处就是，可以让我们自己通过掌握正确的时间管理技巧，制定合理的目标和合适的计划，规范时间使用流程，减少时间浪费的成本，提高工作效率，让我们拥有更多可支配的时间，实现工作和生活的更好平衡，用有限的资源获得更高的回报，享受人生。

时间管理的本质是管理自己，是个人管理的一部分，可以通过事先的目标规划和组织安排，成为个人的一种提醒与指引。时间管理的目标是学会选择，掌握重点，更有效地运用时间，其目的除了要决定该做什么事情之外，也要决定什么事情不应该做。时间管理要回答6个问题：为什么要做（Why）？何时做（When）？在哪里做（Where）？做什么（What）？如何做（How）？谁来做（Who）？

都说"一寸光阴一寸金"，那么我们就来计算一下人生的有效时间到底有多长。假如平均80岁的寿命，前面0~20岁和后面60~80岁忽略不计。余下的是40年。我们来看一看这40年是怎样被使用的。

这些使用项目包括睡眠、一日三餐、交通、通电话、看电视、上网、看报、聊天、刷牙、洗脸、洗澡、休假、做白日梦、闹情绪、身体不适。好，我们来看一下（表1-7）。

表1-7 有效时间统计表

项目	每天时间/小时	总计/年	余额/年
20～60岁	24	40	40
睡眠	8	13.3	26.7
一日三餐	2.5	4.2	22.5
交通	1.5	2.5	20
通电话	1	1.7	18.3
看电视、上网	3	5	13.3
看报、聊天	3	5	8.3
刷牙、洗脸、洗澡	1	1.7	6.6
休假、做白日梦、闹情绪、身体不适	2	3.3	3.3

这样看来，在40年的时间里面，我们实际上只有3.3年的有效时间去创造价值。就是这样，三年多的创造价值的时间。

这么点时间，我们将如何来管理？算完之后，我们会很惊讶，因为我们想象当中，40年！多长的一个数字啊，对吧？我们会觉得好长啊！但是我们切分计算之后发现，我们可以用来创造价值的只有短短的几年时间。所以现在就可以理解了，为什么成功人士要么是少年得志、要么是大器晚成、要么是工作狂人。前两者是把有效工作的40年拉长了，要么往前移动，要么往后移动。后一种则是在保障基本生存的条件下，把其他时间都用于工作了。

虽然这是按平均来算的数据，到个人那里会有一点误差项，但是仍然可以看出，时间是非常有限的！尤其是能用来创造价值的时间！

所以，这么一点点的时间，如果我们不能去好好管理，让它发挥出最大的效用，人生会是什么样？不同的人生，不同的状态，其实跟我们能不能把这一点点的时间管理好，或者更通俗一点说，能不能把这一点点时间把握好，是有很大的区别的。如果用生命倒计时法查看一下我们的时间资产，"假如今年是你生命中的最后一年"，你打算如何去度过？

以上虽然只是个平均数，但通过这些数据可以发现许多问题：该在哪儿节省时间？该在哪儿努力？这些都可以通过学习时间管理找到答案。

也许有人会说，时间管理是自我管理，可我想要自由，我不想管自己。不管理时间，不管理自己，看起来更自由，实际上带来的是更多更大的不自由。

小明和番茄笑了：自己怎么管理"自己"？

土豆：别着急，让我们慢慢来看。先看看什么是时间黑洞。

六、时间黑洞

1.什么是时间黑洞

小明：什么是**时间黑洞**？

土豆：**时间黑洞可以通俗地理解为把我们的时间白白吸走的因素。**比如说，拖延、耽搁、中途放弃、错误决策、目标不明确导致方向性错误、缺乏自律、缺乏计划、缺乏控制、缺乏系统、事必躬亲、无效授权、无效沟通、无效争论、被打扰、信息过量、工作环境杂乱、琐碎事务太多……这些都是时间黑洞。

2. 克服时间黑洞的两条原则

小明：有这么多时间黑洞，那怎么走出去？

土豆：首先，要用积极的态度面对。就是说，不要怕有问题，跟错误一样，不要怕犯错误。什么人不会犯错误？什么都不干的人肯定不犯错误。但是，德鲁克说过了，为什么他不会提拔那些从来不犯错误的人？因为很可能他就是什么也不干，所以他不会犯错误。只要我们去做事的话，可能就会犯错误，所以**第一条原则：要以积极的心态来面对问题**。类似的：面对错误，不要去害怕它，要勇敢地去面对它。**第二条原则：关注全局，通盘考虑**。很多时候，我们的失误，往往是因为我们只局限在某一个小点上，我们没有看到全局，就像下棋一样，棋手会不会只纠结于某一步呢？如果他只纠结于某一步，大概率会输，因为对方不会这样，除非对方跟他一样的水平。通常高手下棋的话，会**通盘考虑**，甚至有的时候为了全局，会牺牲掉局部，牺牲掉某几步，所以我们也要有通盘考虑的这种思维。

3. 心动不如行动

小明：通盘考虑，这是老板的事吧？

土豆：想一想，你如果具备老板的思维，有几种可能性？

小明：我想一想。呃……我可能也当老板了，嘻嘻！

土豆：对，这是一种可能性，是将来你成为了老板。还有一种，是老板特别欣赏你，因为你跟他同频道啊！你的思维跟他是同行的。如果他的思维是往这儿的、你的思维是往那儿的，如果你是老板的话，你会是什么感受？但是他的思维是往这儿的，你的思维也是往这儿的，你们俩共同语言特别多，一碰撞共同的观点就出来了，那这是不是第二种情况，就是你很可能会被老板赏识？

小明：哇！好向往啊……

土豆：所以，我们把自己的思维层次提高，这就是通盘考虑。这个很简单，但是我们实施的时候，要做到通盘考虑，就需要有方方面面的知识和技能的积累，但是前提是首先要改变思维习惯。其实很多时候思维、理念，这些东西听起来很简单，但是要改变却是最难的事。想想家里上了年纪的长辈们大半辈子或者一辈子所形成的思维、理念，你改变得了吗？

小明：嗯，改变不了的。

土豆：是的，基本上很难很难。就算是一个很小的事情，你恐怕都很难改变他们，这就叫做思维固化。所以，为什么有些东西越早学越好？比如说等我们到50岁了，你说我再来学时间管理可不可以？可以啊！没什么不可以的，80岁都可以对不对？只不过是难度增加了呀！事倍功半，所以很多有前瞻性的家长会让自己的孩子在更小的时候就开始接触时间管理。因为越早接触，就越容易吸收。

就像种一棵树一样，一棵树种下去，在小苗的时候，要扶正容易不容易？也容易也不容易，因为它比较嫩嘛，所以比较容易东倒西歪的，需要园丁扶正，让它直直地长。等它直直地往上长，根扎深了，长大之后，这棵树就非常稳健，而且是直的，如果等它歪着长得够大够粗了，园丁再想把它扶正行不行啊？怕是很难很难了。所以有些东西，就是越早开始越好，那正确的思维习惯也是越早开始越好。小明，你知道柳比歇夫吗？

4. 时间统计法

小明：我知道，是时间统计法的创始人。他一生成就非凡。

土豆：同样的时间，为什么他能做出那么多的成就？因为他有一个习惯，就是喜欢统计时间。所以他很清楚他的时间是花在哪里的。前面提过时间账户，时间其实是我们的财富，你在时间账户里的开支，你都清楚吗？你会去整理自己的"荷包"吗？一般我们应该知道自己每个月收入多少、支出多少。当然可能有的人很清楚，有的人也是不清楚的。那么，对于时间的收支，我们是否清楚呢？时间的收入，我们知道。那我们的时间支出，我们是否清楚？

小明：嘻嘻！我只知道每个月收入了多少，怎么花的就不很清楚了。至于时间，就更没有认真想过了。

番茄：其实大部分人都是不清楚的。因为我们没有去做时间统计。为什么没有去做？因为时间统计本身就是花时间的，你得把你的时间分配列出来。现在有些软件可以帮助我们去做。**可以拿出一周作为样**

本来做时间统计，列一张表（表1-8），也可以进行一些分类，这对我们分析时间使用是很有帮助的。

表1-8　一周时间统计表

时间	星期一	星期二	星期三	星期四	星期五	星期六	星期日	总结
6:30～7:00								
7:00～7:30								
7:30～8:00								
8:00～8:30								
⋮								
⋮								

分析时间统计表比较容易知道时间大概花在哪里、哪些方面可以改进。

比如，哪些事情占据了我们的时间？我们的时间是怎么被占用的？这些占用对我们是有益处还是没有益处？哪些是我们可以控制的？哪些是我们没办法控制的？我们有没有什么常见的问题，通常是怎么解决的？时间为什么不够用，是哪些方面浪费了？然后填上解决办法。当我们对自己的现状和需求做了细致分析之后，再用一些技巧和方法去做一些改善，就可以达到一些目标。很遗憾，我们总会在时间统计表中发现时间的浪费。

5. 避免时间浪费和一万小时定律

番茄：什么叫做时间的浪费？

土豆：就是指对目标毫无贡献的时间消耗。

小明：时间是如何被浪费的？

土豆：比如，一个人办公桌或者手提包里乱七八糟，假设他平均每天会为找东西花1小时，那么每周要花1小时／天×7天=7小时。每年要花1小时／天×365天=365小时。假设他活到80多岁，除去婴幼儿时期，这样过了80年，365小时／年×80年=29200小时。

29200小时÷24小时／天=1216.6666666……天

也就是说，他一生中的1217天，也就是3.3年，始终在寻找身边的东西，这真是对时间的极大浪费！

反过来，如果一个人每天自学1小时，那么一周自学7小时，一年自学365小时，3年是多少小时？

3×365=1095（小时）

5年呢？

5×365=1825（小时）

根据一万小时定律[1]，学习时间还要增加。

如果一个人可以像半日制学生一样学习，每天自学5小时，那么一周自学35小时，一年自学1825小时，3年是多少小时？

3×1825=5475（小时）

5年呢？

5×1825=9125（小时）

---

[1] 一万小时定律是作家格拉德威尔在《异类》一书中指出的定律："人们眼中的天才之所以卓越非凡，并非天资超人一等，而是付出了持续不断的努力。一万小时的锤炼是任何人从平凡变成世界级大师的必要条件。"

如果一个人可以像半日制学生一样学习，那么5年基本可以成为专家。

如果一个人可以像全日制学生一样学习，每天自学8小时，那么一周自学56小时，一年自学2920小时，3年是多少小时？

3×2920=8760（小时）

4年呢？

4×2920=11680（小时）

5年呢？

5×2920=14600（小时）

根据一万小时定律，如果一个人可以像全日制学生一样学习，那么3年就可以成为一个小专家，4年就可以成为大专家，5年就可以成为优秀的专家。如果10年呢？可以成为行业顶级专家。

看到了吗？不是不可能，是能否确立目标并坚持去做。并且，可以看出来，"年轻就是资本"是有道理的。但是年轻的资本必须得花在有价值的地方，才能使资本不断增值或至少保值，否则，随着时间的流逝，资本不但不能增值，反而不能保值，甚至贬值了。年轻的时候，花大量时间学习，就是在储蓄有价值的资本。否则，如果因为年轻就挥霍时间，那么年轻的资本很快就会被使用完，等到年老力衰，却没有一技傍身，那真是"少壮不努力，老大徒伤悲"了。这样的人生憾事，肯定不能发生在善于管理时间的朋友身上。因为，你善于管理时间，时间资本给你的回报就是随着时间流逝不断增加的能力、人脉、平静的心……等等你想要的好东西。

小明：真是太好了！

6. 抓住时间小偷！

土豆：对于钱包，大多数人都看得很紧，不愿让小偷偷走。那么，对于我们的时间荷包，我们又是怎样对待的？事实上，每天都有小偷想来偷我们的时间，很多时候，他们都得逞了！而且，大多数时候，我们居然毫不知情！时间小偷轻易地就偷走了我们宝贵的时间。

番茄：啊？时间小偷？！这么重要的事情，我们必须得知道！

土豆：第一种，是无形的"时间小偷"，是不自觉的，就是并没有意识到，不自觉地就发生了这样一些情况，我们的时间就被偷走了。无形的"时间小偷"就是内在的陷阱。往往问题源于我们自己（自己造成），在我们没有察觉的情况下出现。包括计划性不强、目标不明确、缺乏组织和安排、不懂轻重缓急、缺乏优先顺序、做事有头无尾、简单的事情复杂化、不懂拒绝、拖延、善忘、不懂授权、健康欠佳、消极思考等等，这些都属于在我们不自觉的情况下，时间被偷走的现象。这是在我们没有意识到的情况下发生的，所以这是需要我们内省的。

第二种，是有形的"时间小偷"，就是我们自觉的、知道的造成时间浪费的因素，是外在的因素。我们常常是被动的，明明知道是浪费时间的事情，但是经常没有办法改变，这是环境因素造成的，对我们来说，属于被动地承受的。所以，和无形的"时间小偷"相比，改进的空间要稍微小一点，我们只能选择改变自己，从而影响环境。

发现了吗？无论是有形还是无形的，**解决方案都是改变自己**。因为，尽管造成时间浪费的原因有主观和客观两大方面，但是，改变主观原因是最重要的，这是从根上"抓住时间小偷"的关键。

7. 提高时间效率的技巧

土豆：有一些技巧可以有助于提高时间效率，防止自己和别人浪费时间的行为。

第一个有助于提高时间效率的技巧是拒绝干扰。拒绝干扰的基本原则：**学会说"No（不）！"**

很多人不会说"不"，被动接受的事情越来越多，完全超出了自己所能承受的限度，反而导致无法完成的不良后果。

一段时间内做好一件事，对多余的事情说"No！"。怎样有技巧地说不呢？**首先，要耐心倾听，准确表达**。说"不"之前要耐心倾听，表情应和颜悦色，等对方说完，如果无法当场决定则要告诉对方你要考虑多长时间，如果当场决定要拒绝，则要清楚明白、态度坚定地婉言回绝，并指出拒绝的理由，同时说明拒绝的是事情本身而不是他这个人。如果有可能，为他提供其他可行途径。千万不要通过第三者来拒绝，避免以讹传讹。**其次，学习对非首要事情说"不"**。学会说"不"很重要。不会说"不"，就会受别人的目标和别人时间表的控制，所以一定要克服心理和情面障碍，勇敢说"不"。对于实在很难开口说"不"的人，可以列出你正在处理的事务清单，请提出要求的人在给你增加新工作时决定各项事务的轻重缓急。表1-9是一些常见的打扰来源和应对方法。

表1-9 常见的打扰来源和应对方法

打扰来源	应对方法
上级打扰	提前沟通、主动沟通等
同级打扰	委婉拒绝、另约时间、满足其需求等
下级打扰	与下级约定固定的汇报时间等
不速之客打扰	直接拒绝、另约时间、限定时间等
电话等社交工具打扰	集中回复、请他人过滤、软件设置等
自我打扰	保持环境简洁、设置完成时间、关闭部分电脑软件等

第二个有助于提高时间效率的技巧是有效沟通。无效的沟通是在浪费双方的时间。有效的沟通，可以通过对话、演讲、邮件等多种方式进行，目标是准确恰当地表达出自己的观点，以使对方更好地接受。有效沟通的要点包括：**主动沟通**；**选择合适的沟通方式**；**明确沟通主题和时间**；**注意倾听和反馈**。

第三个有助于提高时间效率的技巧是办公室5S管理。

具体而言，办公室5S管理包括整理、整顿、清扫、清洁、素养。

1S整理：从办公桌开始整理。保持办公桌的条理和清洁可以节约找东西的时间，有利于迅速进入工作状态，提高时间利用率。越是拖着不整理，整理工作就变得越困难，而且越会耽误时间。整理要点包括：不能用或者不再使用的，果断丢弃；使用频率较低的，可以集中存放在档案柜中；经常使用的，放在办公桌的抽屉中；每天都用的，放在办公桌上，随手可取。

2S整顿：办公工具分类摆放、文档分类归档存放，并加上明确标示，便于在最短时间内能够查找到。

3S清扫：每天及时对办公桌和电脑进行清扫，物品及时归位和补充；每天下班前将办公桌整理就绪。

4S清洁：长期保持整理、整顿、清扫的状态。

5S素养：养成习惯，最好形成办公室管理5S制度并贴在墙上。

可以运用上面的三个技巧来防止时间浪费，也可以像表1-10一样，把时间效率的影响因素列出来，然后写出改进的方法。其实不需要去追求过多的技巧，只要掌握了其中的几种，有助于提升学习、生活和工作效率。

表1-10 时间效率的影响因素和改进方法

事件名称：

因素分类	影响因素	改进方法
能控制的因素		
不能控制的因素		

8. 选择对的事情，做极简时间管理

番茄：为什么会轻易被偷走时间？难道不知道时间宝贵？不知道时间小偷这么多？不知道时间是需要管理的？人生没有目标？……

土豆：都对！但有一点是最根本的：没有选择做正确的事。对于时间黑洞，有一句话叫做大道至简，或者也可以说将复杂事情简单化，

去简单地对待，那么，不管时间黑洞有多少，其根源只有一个：没有选择对的事情。这就是时间黑洞的根源。

小明若有所思：对，**要选择做正确的事！**

土豆：既然时间管理本质上是自己管理自己，那么自己如何管理自己？显然，我们需要一个简单而行之有效的方法——极简时间管理。

七、极简时间管理系统

时间管理是着眼于解决一个问题——有限的时间与众多的事的矛盾问题。为此，出现了许许多多的理论、方法、工具、技巧……

我们的时间是有限的！我们的生命是有限的！以有限的生命追求无限的知识，显然胜算不大。那么，如何在有限的生命，即有限的时间里，以最简单的方法管理好自己的时间，从而实现人生目标？这就是极简时间管理所探讨的。选择比努力更重要！朝着正确的方向奋力奔跑，无论快慢，迟早能到达终点。然而，如果朝着错误的方向奔跑，那么，跑得越快，离终点越远。

所以，选择比努力更重要！！！

时间管理的本质其实就是选择，选择做什么和不做什么，以及如何做。极简时间管理是着力于以简单的方式解决有限的时间与众多的事的矛盾问题，以达到在有限的时间里完成有效的事的目标。

我们不能把有限的生命用来寻找无限的知识、完成无限的任务！每个人一出生就被赋予了神圣的使命，但是各人有各人的使命。**极简时间管理的最终目标：找到并完成人生的使命**。为了达成这个目标，需要将时间更有效地使用，也就是建立有效时间，让自己变得更好，从而能完成这个使命。因为时间管理的方式、方法以及结果，都不是追求绝对的对与错，而是追求相对的最优性。

所以，极简时间管理系统通常包括下面九个步骤。

第一步，发现人生的使命；

第二步，明确角色定位、树立正确的价值观和人生目标；

第三步，找到生命中最重要的事；

第四步，选择与排序；

第五步，遵循原则；

第六步，制定行动计划；

第七步，执行与坚持——克服拖延症；

第八步，善用方法与工具；

第九步，保持精力。

本书的内容将围绕这九个步骤展开。

第 2 章

最重要的事

土豆、番茄和小明的第二次对话

土豆：时间管理进行得如何？

小明：好极了！小番茄帮我找到了一个好方法——番茄工作法[1]，就是专注工作25分钟，然后休息5分钟，现在我每天的时间都按照25-5无缝衔接。

番茄：呵呵！我现在是小明的超级助手了。

土豆：成果丰厚吧？

小明：是的。我完成了很多工作。

土豆：你的家人肯定为你感到高兴。

小明：呃……他们好像并不满意。也许我并没有做对自己和家人来说最重要的事。

番茄：人的一生匆匆就过去了，什么是最重要的事？

一、使命

小明：我的人生有什么意义呢？我存在的价值是什么？

土豆：你的出生不是一个偶然，你的人生是有一个使命的。

番茄：什么是使命？

---

[1] 番茄工作法是弗朗西斯科·西里洛于1992年创立的简单时间管理方法，其原理是：工作25分钟（算做一个番茄时间），休息5分钟，每4个番茄时间后增加休息时间（如15分钟），以此循环合适的工作周期。

土豆：使命的原意是指出使的人所领受应完成的任务，也指应尽的责任。人生的使命就是人在一生中必须完成对个人而言的一项非常非常重要的任务。

小明：如何找到自己的使命？

土豆：可以通过问自己一些问题的方式来找。

关于使命的问题：

（1）我是谁？

（2）我有哪些天赋？

（3）我最擅长什么？

（4）我最喜欢做什么？

（5）我做成了什么事情时充满成就感？

（6）我什么时候会感到满足？

（7）我的个人活动中，哪些可以为家庭、社会、人类做出贡献？

番茄：就七个问题？

土豆：关键不在于多少问题，关键在于能不能解决问题。

小明：嗯，是的。

1. 找到天赋才能

土豆：第一个问题很重要，认识自己，看自己合乎中道，既不过高也不过低。第二个问题也很重要，天赋是生而有的，这个天赋和使命是相关联的，是为了帮助你去完成使命的。倘若你的天赋不充分发挥，不能帮助你去完成使命，这个天赋就会慢慢消失，就像《伤仲永》中的那个极有天赋的少年，最终就泯然于众人中了。所以，认识自己，能够找到自己的天赋并且把才能发挥出来，这是找到并完成使命的重要一步。在这个竞争的社会里，这也是你的竞争优势。

小明：怎么找到自己的天赋才能呢？

土豆：一个简单的做法是找到你能轻松并有热情完成的项目，这个项目所依托的才能就是你的天赋才能。不断地去使用它，这个才能就会越来越被强化。比如有的人学习语文很轻松，而且喜欢学习语文；有的人学习数学很轻松，而且很擅长解数学题。那么前者可以认为具有语言天赋，可以在语言文字相关方面强化；而后者则可以认为具有逻辑天赋，可以在数理相关方面强化。

2. 发现人生的使命

小明：那第三个到第六个问题呢？我好像很难回答这些问题，答案不是很清晰。

土豆：第三个和第五个问题可以帮助你找到自己天赋得以发挥并且愿意乐此不疲去做的事情，第四个和第六个问题可以帮助你找到自己内心真正想做的事情。以后，在你做任何事情的时候，都内省一下：我是否非常乐意去做这件事？然后把这件事情和你自己的答案简要写下来。事情做完以后，内省一下：内心是否充满成就感和满足感？然后把答案记下来。坚持去做，你会找到答案的。

小明：哪有时间记录啊？

土豆:"时间就像海绵里的水,只要愿挤,总还是有的。"可以列一张简单的表格,方便随时记录。就像表2-1,只要记下事件,然后在答案选项中打钩就可以了。

表2-1 自我发现表

事件	问题1	答案	问题2	答案
阅读一本书	我是否非常乐意去做	是□ 否□	我是否充满成就感	是□ 否□
写读书笔记	我是否非常乐意去做	是□ 否□	我是否充满成就感	是□ 否□
……	我是否非常乐意去做	是□ 否□	我是否充满成就感	是□ 否□
……	我是否非常乐意去做	是□ 否□	我是否充满成就感	是□ 否□

小明:嗯,这还挺简单的。

土豆:这些问题可以帮助找到内心深处真正的需要。人们常常分不清什么是需要、什么是想要。

小明:我也没区分过呢!

土豆:需要是必须被满足的,而想要不是必须拥有的,而是想要拥有的欲望。比如,饿了要吃饭,这个是需要。但是,要到豪华邮轮上享受超级盛宴,这个是想要。当内心真正的需要得到了满足,人就会感到满足。

番茄(一脸坏笑):如果在邮轮上工作呢?

土豆(敲番茄):你是故意抬杠吧?当然了,如果是工作需要也是需要啊！

小明：你们两个别闹了。说正事吧！最后一个问题呢？

土豆：这里要补充一点，每个人都是有自己的天赋才能的，你能想象把一个根本就坐不住的人放在一个案头工作岗位上吗？他不喜欢一直坐着不动，但是他喜欢到处跑来跑去。如果你把这样的人放在一个案头工作岗位上，他每天大部分的时间需要在那里处理案头工作的问题，你想象一下这个人，他什么感受？他会有热情吗？他会有成就感吗？他会感到满足吗？所以，前六个问题，是相关联的。而最后这个问题，可以帮助厘清个人事件清单中真正有价值的事件。我们的事件清单中，有些是事务性的事件，有些是例行的事件，有些是重要的事件，有些是紧急的事件。每件事，都是有价值的。但是，我们有一个原则：**多做价值高的事**。

小明：什么样的事情属于价值高的事呢？

土豆：对家庭或者社会或者人类有贡献的事。**这是一个奇妙的法则：当你在追求做出贡献的时候，宇宙的力量都会助推贡献的产生，然后你做出的贡献的成果又会以一种循环的方式回馈你。**最后这个问题可以简单理解为要有利他心。现在有一种观念就是如果你想要取得成功，那么需要有利他心。有的时候搬开放在别人脚前的石头，其实正好是在给自己铺路。所以谈贡献的问题，真不只是口号而已。

小明：这些是不是传说中的使命宣言？

土豆：这几个问题是关于使命宣言的。把这些问题回答清楚了，相信你能找到自己人生的使命。

二、角色

1. 角色定位

小明：土豆，关于使命，你讲得很好。可是，我有些困惑：我现在已经结婚了，有孩子了，上有老下有小，现在社会竞争又很激烈，工作压力也很大，我很想做一个好父亲、好丈夫、好儿子，可是分身乏术啊！

土豆：我理解。每个人都有多种角色，能做到角色平衡确实很不容易。

番茄：什么是角色？

小明：角色就是我是谁。

土豆：可以这么理解：角色是由特定社会结构来分化的社会地位，其承担一定职责。在工作当中就是我们的工作职责，在家庭当中就是我们的家庭职责。只有认识了自己，才能够发挥自己的天赋优势，扬长避短。当然，也可以去补短板。比较建议是扬长避短，因为这样其实更轻松。常见的角色有哪些呢？

番茄：对于某个个体而言，在日常生活中，角色包括丈夫（妻子）、父亲（母亲）、子（女）等身份；在工作中，角色包括工程师、设计师等职业类型。比如说我们看到某个人，现在是一个上班族，至少是工作状态。假设他是一个工程师，这是他的一个角色。如果他是一个男性，那么他另外一个角色，很显然，他会是某人的儿子，那如果他结婚了，他是一名丈夫，他还可能是孩子的父亲，这是他在家庭当中的角色。同时当然他还是个女婿，这是家庭关系当中所带来的角色。他除了是工程师外，在工作当中也可能因为工作出色，被委派管理职责，可能还是一个部门经理。以上这些都是他的角色。

2. 角色平衡

土豆：你的那些角色平衡吗？或者说有没有什么角色是自己觉得花时间太多或太少的？

小明：有啊！我觉得我在家庭方面花时间太少，在工作方面花时间太多。

土豆：父亲们大概都和你有同感。因为按照一般的习惯来说，父亲通常会比较忙碌。也就是说，他承担的社会角色方面，花的时间是很多的。所以，在角色平衡当中，父亲自己也会去思考，他会觉得在家庭中的时间少了一点，或者他也想多花一点时间在家庭中，但是他的社会角色让他不得已。其实不管男性还是女性都是一样的。现在很多女性都是职场女性，同时又是妈妈，又是女儿，这些角色肯定同时都存在。这就是现代人为什么常常会觉得时间不够用。一天只有24小时，上班连轴转，下了班又连轴转。还要有必要的休息时间、生活时间，这是大部分人的状态，所以为什么现在的人一看都很急啊？在路上开车的时候你会发现，如果出现交通问题，比如红灯造成的暂时的拥堵或者什么状态，就会有人好着急。有的时候进出某一个区域要停车付款，如果前面的车慢了一点，后面的司机就会着急地按喇叭，其实能相差多长时间呢？可能一分钟吧！可是就会有人受不了。如果平常的话，一分钟什么概念？60秒，随便在哪里磨蹭一下，五分钟就过去了，但是这种时候人们却没有感觉，因为没有感觉，所以浪费了就浪费了。但对于可以感觉到的一分钟的等待却不能忍耐。这其实也是内心焦虑的一种外显，也是人们对自己角色失衡导致的一种焦急状态的反应。

小明：是啊！我也有这种感觉，很焦虑。

土豆：这和时间管理是有关系的，因为时间管理本质上不是只针对时间做的管理，是针对自己的方方面面做的管理，包括情绪管理。有时候碰到堵车，不同的人的状态很不一样，有的人就依然很悠闲，有的人就成了路怒。所以能不能保持内心的平衡，这个其实蛮重要的，在很年轻的时候可能感受不是很深，因为还没有方方面面的力量都挤压过来的感觉。但是人到中年的人群，而且还上有老下有小，还有来自生活、工作方方面面的压力，这样一种被夹的状态，这时候"角色理论"，或者说"角色平衡"，是非常重要的。

小明：我现在已经感觉角色不平衡了，真不知道将来怎样去平衡。

土豆：角色平衡是一个很现实的问题。比如企业家李开复先生曾经在生病之后进行反思：他之前虽然能通过精确的算法把时间算得非常精准，但是他没有留出时间陪伴家人。这在角色平衡上是有缺失的。

番茄：哦！所以，我们一开始在学习时间管理的时候就要知道有这样一个平衡理论，也就是说我们要想到我们这些时间分配当中要为各种不同的角色做出一些分配,那还是不要只顾工作了哦!小明,你给我定的时间表上不要只有工作啊!

小明:我也不想成为工作狂啊!可是工作任务实在太多啦!

土豆:我们不推荐工作狂的工作方式。工作狂就只有工作上的一种角色,这在角色理论当中属于不平衡的角色状态。因为人本身不只有这一个角色啊!要有好几个角色,但是工作狂只剩下这一个,时间都在这一个角色上,这个角色就不平衡了。当然这也是属于一种选择。人生就是由一个个选择组成的。选择做什么,选择怎么去做。

小明:我觉得自己没有选择的权利啊!竞争太激烈了,不全力去拼搏,恐怕职位不保啊!

番茄:小明,你知道吗?在一项针对那些超级成功人士开展的调查中,有一个问题:人生当中最后悔的事情是什么?结果发现,回答最多的就是最后悔的事情是错过了陪伴孩子一起成长。

土豆:是啊!孩子长大了就长大了,不会重新从小时候成长一遍。所以现在父母们都开始重视这个问题了。但是同时,如果父母不能够很好地管理时间,要想达到角色平衡,也真的是很辛苦的,因为现在职场的竞争压力确实是很大的。所以,小明,你可得好好学习时间管理,这可以帮助你做好角色平衡,也可以帮助你每天都做重要的事,提前做好准备去应对将来可能会碰上的问题。

3. 遇见更好的自己

番茄:小明,你放心,我会做你的好助手,做一个尽职的番茄钟。

小明笑了：谢谢你们！我觉得关键还是我自己没做好。

土豆：所以管理时间，首先是管理好自己。因为改变自己，让自己变得更好，是解决一切问题的关键所在。人常常会碰到问题，很正常，每个人都会碰到问题。小明，碰到问题的时候，你一般会怎么想？

小明：呃……碰到问题，我觉得很沮丧，然后会想：怎么办呢？

土豆：2020年春晚上有一个相声节目，就是演一个小孩子做数学题，100减70等于多少。最后小孩子说："哇，这题太难了！"100减70，他说太难了，这是他碰到问题之后的反应，当然前面有一系列的前奏导致。当我们碰到问题，我们会怎么反应？"哇！这个环境太糟糕了，这什么地方啊？""这地方怎么这么烂？""这天气怎么这么不好啊？"这是一种归因，归结于外在的条件。"哇！这氛围太糟糕了。""这氛围太差了。""这某某人真是。"这也是**向外归因**。"这个环境中，我有没有做到最好？""该怎么做最好？"这是**向内归因**。当我们真正碰到问题的时候，怎么去归因很重要，我们怎么想很关键，这会左右我们的思想，也会左右我们的行为，我们的思想和行为就会带来相应的后果，所以管理自己怎么想是很重要的。管理好了自己怎么想，再管理好自己的行为，一般来说，人生偏差就很小了。

小明：可是，管理自己的想法，怎么做到呢？

番茄：我知道！消除消极负面的想法，始终保持积极正面的思想！简单生活！嘿嘿，我每天的生活都很简单，所以我很快乐，而且我的钟点从不出错。

土豆：是的，简单很重要。小明，有没有什么角色让你感到不舒服的？

小明：好像没有。

土豆：从社会的角度，比如说在工作当中或多或少都会有一些问题，只不过有些表现给别人看到，有些没有表现给别人看到。所以，察觉到哪些角色是自己感到不舒服的，哪些角色是自己想成为但是还没达到、现在可以开始努力的，这是重点，也是非常有价值的，要把10年之后甚至20年之后的状态做一个想象和描述。因为当你了解到10年之后或20年之后可能会在这个状态之中，然后现在以终为始来做准备，那就是很愉快的事情啦。因为那些事情还没发生啊！但是你已经提前在未雨绸缪了。反过来，没有去这样思考的话，到时候被迫进入到那个状态之中，就会出现很多情绪的问题，甚至引发一些情绪类的疾病，并有可能引发身心疾病。因为身、心是互相影响的。在很年轻的时候，谈论健康的重要，可能没有感觉，因为自己的健康状况非常好。但是，当到了一定年纪，尤其是疾病缠身的时候，恐怕就后悔没有早知道了。所以，小明，趁你现在还很年轻，好好想一下这些问题：你以后还会有哪些角色？有哪些未来的角色是现在可以开始努力的？

小明（一脸困惑）：未来的角色？

番茄（冒汗）：问题太多了……

土豆：好吧，举个例子吧！比如，一个中年男性，他是一个个体，如果他已经结婚，那么他是一个丈夫；如果是女性，则是妻子。如果有孩子了，他是父亲；如果是女性，则是母亲。他/她的职业是工程师，负责网络安全，负责软件，还可以做一些网页设计，那么他的工作挺忙的，对吧？我们一看这几个工作类型，就知道这个人肯定很忙的，那这个时候角色如何去平衡？首先，诚实回答这些问题：哪些角色自己觉得花时间太多或者太少？哪些角色是自己感到不舒服的？以后还会有哪些角色？哪些未来的角色是我现在可以开始努力的？当角色发生了变化，怎么办？每个人每天都有24小时，不可能由于角色多了，就变成了240小时。不但没有这种可能性，相反，还会感到时间减少了。为什么呢？其实是相应地减少了。因为时间总量是固定的，不会变，但是，由于多种角色，而且事情非常多，所以以至于相应的可分配时间更加捉襟见肘。这就是现在忙碌的生活状态的一个反映。所以，需要好好把那些问题想清楚，并预先准备好。

番茄：角色还会变化？

土豆：是的，角色并不是一成不变的，角色是在动态发展变化的。所以，提前学习，提早去做一些准备，这是我们可以去做的。也就是预先想到哪些未来的角色是我现在就可以开始努力的，包括未来的社会角色、家庭角色等，然后及早去准备好，包括技能上的准备、心理上的准备、健康上的准备，保持自己身心的健康，拥有一技之长，以不变应万变。

小明：所以确定角色包括确定现在的角色和未来的角色。也就是说，不但要明确现在的角色，还要以终为始，知道未来将要承担的角色，并在初始期开始准备。

番茄：嗯！以终为始！提前准备！

土豆：番茄，我们把下面这张角色列表送给小明（表2-2），这样他就可以厘清自己的角色，并努力实现角色平衡了。

表 2-2　角色列表

编号	家庭	工作	生活
角色 1			
角色 2			
角色 3			
……			

注：生活角色指包括自己和除家庭关系以外的人际角色，比如社区成员。

三、价值观

番茄：什么是价值观？

土豆：价值观就是人判断事物是非和价值大小的一种思维取向。价值观是人们思想和行为的基本原则，是人们内心中的信念系统。大多数时候，人会根据自己内在的价值观采取行动，虽然往往没有意识到这一点。

番茄：哦！那人们常常说"三观要正"，什么是三观？

土豆：三观是指**人生观**、**世界观**、**价值观**。三观要正，是指人们对人生、世界、价值以及它们的关系的总的看法和根本观点要正确。三观正，则方向正；方向正，则行为正。价值观最基本的主体是个人。比如，在社会主义核心价值观的基本内容中，爱国敬业、诚信友善，就是在公民个体层面提出的。再比如，价值观也可以表现为一种核心观点："人与人之间应该倡导一种爱的循环。"

番茄：价值观和时间管理有什么关系？

土豆：价值观是有效的时间管理系统的核心因素，是人们进行时间安排的基本依据。现代的价值观比较多元，但是仍然有起着主导作用的主导价值观。小明，你的主导价值观是什么？

小明：我的主导价值观？

番茄：给你一些提示吧！是仁爱吗？喜乐？和平？恩慈？良善？信实？温柔？节制？忍耐？冒险？健康？专业？诚实？事业？朋友？家庭？成长？人际关系？自由？责任？勇气？感恩？奉献？财富？幸福？忠诚？合作？团队？智慧？坚韧？美貌？卓越？成功？积极？乐观？创造？奋斗？谦逊？心态？等等等等。

土豆：主导价值观会影响目标、排序、对事件重要程度的认定，所以主导价值观是什么是很重要的。这个问题不难，但是常常会被忽略。每个人都需要问一下自己什么对我是最重要的。

小明：嗯！我要好好想想。

四、目标的力量

土豆：小明，你有长期目标吗？20年后，你想达到的目标？

小明：20年，那么远？太久远了！我今年的目标还没有达到呢，哪有时间去想20年后的。

土豆：很多人会忘记设定长期目标，也不清楚长期目标的力量。在哈佛目标研究的案例中显示，极少数的人有清晰的长期目标，但这些人的成就是在金字塔的最顶端。有没有长期目标是取决于在成就金字塔的哪个层级的一个很关键的区分点。小明，问问自己：我的长期目标是什么？主导的价值观、角色和使命，都会影响到长期目标，但是务必花点时间去想一想自己的长期目标。最好落实到每周的计划。每周要完成哪些事情，不管是以什么样的形式呈现出来的，哪怕是很简单的表格的形式。

番茄：这里有一幅图画（图2-1），是什么意思啊？

土豆：这幅图上的正方形的一条对角线，把这个正方形切开成了上下两个三角形。在上面这个白色的三角形区域，有一个人拿着一把弓对着箭靶在射箭，有的射中了正中心，有的没有射中，但是，对于他来说完全是成竹在胸，仿佛一切都在掌握之中的一种状态。再看看

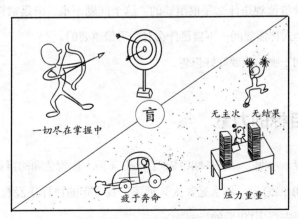

图 2-1　不同的忙法

下面这个斑点区域的三角形，这里有一个人，在做很多事情。一会儿在开车，开得很快；一会儿在工作，哇！桌上的文件堆积如山，在小山中间的他看起来真的是"压力山大"，一副很焦虑的状态。这就是无主次、无结果的盲目地忙，经常处于焦虑状态的表现。

番茄：忙不好吗？现代人都很忙呢！

土豆：是的，现代人的一个特点就是忙。其实忙不一定是不好，闲也并非一定是好事，关键是看什么时候忙、都忙些什么、如何去忙。忙有几种类型。一种是按照计划去忙，尽管忙，但是心中有数，一切尽在掌握中。而没有主次、没有计划的忙忙忙，忙中出错、忙中出乱、忙于救火，疲于应付、疲于奔命，这样的忙，则会带来压力重重、没有成就感、沮丧等等负面情绪。

所以同样是一个忙字，它有很多种类。有一些很成功的人，在很多方面，都能够做得很好。他也是忙，但是忙法不一样，甚至可以说是很充实。但是，有些人的忙，是真忙，不仅忙，严重的甚至导致"心亡"。看起来都是忙，但是这些忙是有区别的。

其实在这张图当中，我们也看到了正方形被分成的上下两幅图，是两种完全不同的状态。下面一幅三角形图中的人，到处奔跑，超级忙碌，呈现疲惫、焦虑的状态；上面一幅三角形图中的人，目标明确，射中箭靶。上面的人只做了一件事，是在射箭，他可能命中箭靶，也可能不命中，但是假以时日，他一定会成为射箭高手，而且他的状态和下面那个是完全不一样的。

小明，你是愿意成为上面那个人，还是下面这个人？

小明：上面那个人啊！

土豆：其实现实情况是我们很多人都在下面这幅图中，只是可能意识到了，也可能没有意识到。上下两幅图的区别似乎很清楚，但是区别在哪里？光凭感觉不是很清楚。当将两幅图放在一起对比，这种区别就很清楚了。这就是同样是忙，结果常常不一样。之前我们只是不知道而已，其实当我们知道了，立刻开始进行改变，行动成效是很容易看到的。当然，当我们看着这幅图，看着这些分析，很容易做出选择。但是，如果不看呢？这就涉及坚持、习惯养成和自动化的问题了。

番茄：目标有这么大的力量吗？

土豆：先讲个故事吧！这个故事来自哈佛大学的调查研究[1]。

1953年，哈佛大学对一群即将毕业的资历、学历、环境条件都相差无几的学生进行了一次关于人生目标的调查。结果发现：其中有明确的长期目标的人占比只有3%；有清楚的、但是短期目标的占10%；有比较模糊的目标的占60%；没有目标的占27%。在25年之后的跟踪调查发现：当年那些占3%的有明确的长期目标的人成为了社会的顶尖成功人士，比如行业领袖；具备短期目标的那10%的人成为了社会的中上层，他们通过不断达成短期目标，成为了行业的专业人士，比如医生、律师、公司高级管理人员等等；60%目标比较模糊的人成为了社会的中下层，尽管能够安稳

---

[1] 上海健康医学院医学技术学院.哈佛大学关于目标对人生影响的跟踪调查. https://yxjs.sumhs.edu.cn/68/ef/c3896a157935/page.htm.

地生活，但是没有取得什么成绩；而没有目标的27%，成为了社会最底层，生活十分不如意，不断抱怨社会和他人，经常失业，家庭也不幸福。

这个案例当中，我们看到了目标的力量。10年、20年之后，你想成为这4个部分当中哪一部分人？有没有人想成为最下面这个部分的27%？估计都不太愿意吧。每个人都有目标。只不过有的可能会很明确地把这个目标写下来或者定下来，有的可能只是一个意识。所以大部分的人都是在60%的那部分人群当中。

这些被调查的对象全部是哈佛大学的毕业生。应该说都是社会的精英、天之骄子，25年的跟踪下来，居然发现了这样一个现象。会不会感到很惊奇？其实仔细去想一想，跟我们的常识并不矛盾。再好的学校毕业的，也会有不成功的，或者发展不太好的；再不好的学校毕业的，也会有那种非常成功、发展非常好的。其实这和上述调查结论还是比较一致的，只不过这个调查聚焦点是在目标上面。

番茄：啊？目标有这么大的作用吗？

土豆：请想一下，能够考上大学的，是不是基于他们有一个目标？不管这个目标是自己设置的还是老师、家长帮忙设置的，总归是有这样一个目标吧？回忆一下自己的高中时代。高中时代是什么状态？大部分人的高中时代都是奔着这个目标去的，不想去的话，老师和家长也会有要求。奔着这个目标考进了大学，请问进了大学之后，家长还会不会给你设置目标？多数情况下，家长不会再这么做了，他们会把这个权力交给我们自己。那我们自己有没有使用好这个权力？刚刚这个目标的力量的故事，也就是说大学毕业10年之后，同学之间的差距就会开始显现，20年之后差距就会非常明显，这是时间的力量，更是目标的力量。当到一定的年纪之后，会觉得好像当年同学之间能力都差不多，为什么多年后他在那个位置，而我在这个位置？这当中当然有很多其他的因素，但是目标这一因素是很重要的。区别在于：**第一，有没有长期目标；第二，这个目标的实现程度。**

不断地有短期目标，会是那10%的人，也算很不错了，也是精英人士。比如在读书的过程当中，不断地有一些短期目标，比如很基本的通过考试、修满学分，最后拿到毕业证，这都属于短期目标。在工作当中也是如此，不断地会有一些短期目标。但是，10年之后，我会成为什么样人？有没有这样的目标呢？20年之后呢？

刘邦当年只是一个普通的亭长。他并非出身富贵，也是比较普通的人。但是他当时暗下决心将来要成为皇帝那样的人。那个时候他只是一个很普通的人。但是建立了这样一个目标。当然他成功的过程中肯定有很多其他的因素，但是如果他没有这个目标，即使他有才能，即使他有用人、聚人能力，他这些能力也得不到更大发挥，他可能从亭长再升到一个大一点的官，仅此而已。但是正因为他有那样的雄心壮志，再加上坚持不懈，最终历史成就了他。

这就是有明确的长期目标，当然我们说还有其他因素。目标不等于梦想啊！只是想想而已，那叫梦想，一天可以有100个梦想出来。但是目标的意思是什么？建立目标并且会坚持朝着它去做，所以，请问有多少人能够坚持10年、20年朝着一个目标去做的？很少。哪怕是一群天赋优势相当出色的哈佛毕业生，也只有3%达到金字塔的塔尖。还有10%的社会精英人士也是属于有目标，并且能不断实现短期目标的。之后的60%也有目标，但是目标比较模糊。大部分人都属于这60%，这也和整个社会的结构很类似。比较让人失望的就是最后的27%。并不单单是以物质财富来衡量，关键是他们的精神层面也不富足，生活不幸福。

番茄：为什么会这样？只是一个目标而已，为什么能造成这样一个结果？

土豆：想象一下，如果没有目标会怎么样？**没有目标，成功了是偶然的，不成功是必然的！** 就像射箭一样，没有箭靶，必然是射不中靶心的（图2-2）。如果没有目标，达不成是必然的，如果达成了，纯属偶然。没有一个个目标的实现，自然离成功越来越远。

如果20年朝着一个目标去努力，除非你实在运气太差，实现的概率是很高的。建立正确的目标，坚持努力去实现，长期下来就会形成一个好结果。目标是行动的导航灯，是我们的

图2-2 目标

需求和愿望，有什么样的行动，是基于有什么样的目标。而且，**目标应该直接源于我们的价值观**。否则，我们所做的事将无法满足自己真正的需要。

所以，时间管理最后的落脚点也是目标。**时间管理是采用一系列的方式，从而实现个人或者组织的既定目标**。时间管理是奔着目标去的，中间用什么方法也好、用什么技巧也好、经历什么样的过程也好，最终是朝着那个目标的。所以，在时间管理的定义当中，就已经隐含了目标的重要性。

小明，你觉得你的时间应当投入到哪些地方？

小明：和我的目标相关的地方。

土豆：是的，你的目标在哪里，你的时间就往哪里投。博恩·崔西❶认为"成功就等于目标"。你们可能会问："难道我们什么都不需要做吗？"当然不可能了，射箭要射中箭靶的话，起码要把弓拉起来，要把箭射出去。"成功就等于目标"是强调目标设定的重要性。因为设定目标可以明确努力的方向。

想象一下，当我们驾船在茫茫的大海上航行时，如果不知道目标在哪里，就会迷失方向。目标明确，就会朝着目标，沿着航线去行驶，最终到达目的地。这说明设定目标的重要性，怎么去强调都不过分。在决定行动路线之前，需要知道目标是什么。

---

❶ 博恩·崔西，美国著名演说家、企业家、教育家，在成功学、潜能开发、销售策略及个人实力发挥等方面拥有独树一帜的心得。

现在再看一下这幅图（图2-3），这幅图上显示出来的是什么？

图 2-3　困难的选择

番茄：哦，不知道是什么，一团乱麻加三个字母。

土豆：下面这幅图（图2-4）呢？

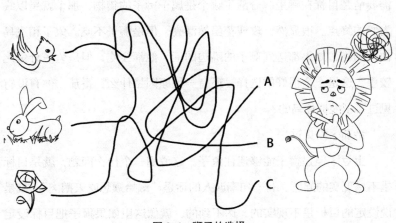

图 2-4　狮子的选择

番茄：一朵花，一只兔子，一只鸟，一头狮子，一团乱麻加三个字母。

土豆：现在，请问一下：这头狮子，该走哪一条线路来抓取猎物？

番茄：呃……B？

土豆：方法很重要。如果我们从起点开始找的话，那就是一团乱麻，不知道如何解。但是，如果从终点开始，就很容易。终点有三个，可以从兔子那边开始。

番茄：为什么从兔子那边开始？为什么不从玫瑰花那里来？如果因为玫瑰花是植物，那么鸟也是动物，为什么不找鸟？

土豆：第一件事情是分清狮子的猎物是什么，这就是目标。首先需要清楚目标在哪里。分清了哪个是属于狮子的猎物，那个就是以终为始的终点。很显然，玫瑰花虽然漂亮，但是狮子不吃。兔子和飞鸟都是动物，如果都送到狮子的嘴边的话，他都会吃，但是兔子分量比较重，这是一个很好的选择。还有一种原因是什么？番茄，你有没有见过狮子能抓住鸟的？

番茄：没见过。

土豆：但是狮子能够逮住兔子。这说明一个什么问题？就是目标是不是现实的问题。有一句嘲讽人的话是"癞蛤蟆想吃天鹅肉"。就是说设定的目标是不现实的、达不到的，就像这里如果狮子把目标设定为那只飞鸟，那估计要饿肚子了。因为这个目标不现实，但是设定为兔子，就现实、可行、易达。目标一旦设定了就好办了。就从目标开始出发，找到路线，找到出发点，这样就不会选错路线了。

番茄（欢呼雀跃）：这就是传说中的**以终为始**的方法！

土豆：**以终为始**，就是从终点出发，以终为始来想问题。当我们年轻时，风华正茂，感觉有大把的时间，人生路上有大把的财富在等着我们，但是如果我们能够具备以终为始的这种思维方式，从终点开始思考，然后顺着那条线就很容易找到人生道路的起点和人生的路线规划。就像图片中从兔子开始出发寻找，就很容易找到路线，只要目标设定了从兔子开始。

所以，大道至简，目标的设定要在行动之前。你需要知道你的目标是什么。你有没有这样的习惯？

小明（冒汗）：没有。

土豆：现在开始养成这个习惯吧！**在行动之前，先清楚目标是什么**。有一些习惯是后天习得性的，就是说很多的习惯其实是后天学习和养成的。那么，不管是哪种风格的你，在行动之前，如果养成了这样的习惯，也就是说在行动之前目标很清楚，那你的行动计划成功的概率肯定是更高的。就像这头狮子抓猎物。有的时候如果我们去看一看动物世界，会很有意思。比如狮子，它们捕猎是很有策略的。它会不会大摇大摆地走过去？那肯定是抓不到猎物的，它们捕猎是很有一套的，所以在这里，狮子确定了它的猎物，以终为始就能够轻易地找到它的路线去抓取它的猎物。这就是这幅图给我们的启发吧！

小明：其实我也有目标，我的目标是每个月都要完成业绩指标。

土豆：目标也是有层级的。即时的目标就是每一天、每一周、每一月，这段很短的时间区间。所以你的目标只能算即时的目标。

番茄：目标是怎么分层的呢？

土豆：一般而言，短期目标的设定被认为是一到五年，中期目标是五到十年，长期目标就是十年以上。最后就是终极目标。对照前面哈佛的研究案例，可以看到如果有一些清楚的短期目标的话，那么大概率会成为那10%的人。如果有明确的长期目标的话，就有可能成为那成功的3%。这就是目标的金字塔。这里要**注意防范目标近视症的问题**。

小明：什么是目标近视症？

土豆：举个例子，沙丁鱼群通常适合生活在深水区，突然有一天，人们发现，大批的沙丁鱼群去追逐一些小鱼，然后在追逐这些小鱼的过程当中，游啊游，游到浅水区去了，但是这个庞大的沙丁鱼群在浅水区就没办法生存了，所以这就叫做为了追逐一些小利忽略了自己真正的目标，就是目标近视症的问题。

番茄（倒地）：呃……到底怎么来**设定目标**啊？

土豆：其实也不难。这里有一个叫做**SMART原则**的方法。以SMART为导向的目标原则，不单单是说要有目标，而且要让目标达到某个标准，所以基于SMART原则建立的目标就是具备可行性、可操作性的有效目标。

SMART原则是指：**具体的（Specific）、可衡量的（Measurable）、可达到的（Attainable）、相关的（Relevant）、有时限的（Time-**

based）。具体的，是指目标必须是清晰的、可实行的。可衡量的，是指目标必须用指标量化表达。可达到的，有两层意思：一是目标应该在能力范围内；二是目标应该有一定难度。目标经常达不到的确会让人沮丧，但太容易达到的目标也会让人失去斗志。相关的，是指与现实生活相关，而不是简单的"白日梦"。有时限的，是指目标必须确定完成的日期，不但要确定最终目标的完成时间，还要设立多个小时间段上的时间里程碑，以便进行进度的监控和有效的激励。这就是基于SMART原则建立的标准。比如，下面这个目标：2023年要通过高考，考上大学。根据SMART原则，该怎么制定呢？按照SMART原则怎样细化或者怎样制定呢？按照SMART原则，设立标准，需要满足具体的、可衡量的、可达到的、相关的、有时限的标准，那么，这个目标可以这样来制定标准。

①具体的：考上大学。

②可衡量的：拿到录取通知书。

③可达到的：认真复习，参加高考，高考查分，填报志愿，录取查询。

④相关的：符合参加高考人员条件，具备入学资格。

⑤时限的：2023年8月15日。

这就是按照SMART原则来制定目标的过程。也就是按照这五个点将目标细化，会发现很清晰。怎么做、行动计划、时限，这样目标的制定就非常清楚可达，且具备可操作性。

制定目标的时候，还要注意一些关键影响因素。

第一，就是who（谁），谁是责任人。

第二，是do（做），要干什么，是要降低什么、发展什么，还是增加什么、转变什么。

第三，是what（什么），结果是怎么样的，或者成果是怎么样的，是追求一种数量，还是质量，还是成本。

第四，是when（时间），什么时候完成。

第五，是where（哪里）或者how（怎样），也就是地点、路径，或者是怎么做的。

根据这些因素，来看一下一些好的目标设定。比如说要在本年度本班期末考试成绩年级排名不低于第二名。这就是一个根据SMART原则设定出来的目标。再比如说到一年后完成职业发展计划，并且在以后12个月内列出时间表以确保目标的实现。

小明：可是如果目标太大、太远，我就不会记得要去做了。

土豆：是的。所以可以**对大目标、远期目标进行分解**。有一种对目标的分解方式，叫做**剥洋葱法**。就是把一个总的目标分解，或者说把大目标化成小目标，小目标化成再小的目标，再小的目标化成即时的目标。这就是**剥洋葱法**以及其应用。

小明：在实现方面有什么技巧吗？

土豆：日本选手三田本一的故事可以说明**目标分解**的作用。三田本一可以说是"剥洋葱"的高手，或者说他很擅长通过分解目标来完成长长的马拉松比赛。就是运用这个策略，1985年，他从一个名不见经传的选手出人意料地成为了东京国际马拉松邀请赛的冠军。并且在两年后，他又在意大利国际马拉松邀请赛中获得世界冠军。

小明：他是怎么做到的呢？

土豆：他在自己的自传中分享了他的做法：

他会在赛前去仔细查看比赛路线，并且在从起点到终点之间的路线上寻找醒目的标志并画在路线图中。这些标志可以是一家餐馆，也可以是一座房子……直到比赛的终点。用这些标志将整个长长的比赛路程分解为一段一段的短距离，这样看起来很漫长距离的马拉松比赛被分解为许多个短距离的小目标。在比赛开始以后，他会用最快的速度冲向第一个目标，接着用最快的速度冲向第二个目标，就这样一个一个目标达成，最终赢得了整个比赛。

这就是目标分解的力量。也就是说，目标制定好之后，接下来要对目标进行排序，把它按照时间阶段，分成短期、中期和长期的目标，并且可以把大目标分解成小目标，一个一个地完成。这也是瑞士奶酪法的工作原理：就像在一块瑞士奶酪上依次戳许多小洞那样，把重大的工作分成许多部分，抽时间完成一些相对独立的部分，逐步积累起来，进而完成整个工作。

番茄：听起来其实不复杂，就是将大目标分解成小目标，这就是剥洋葱法！

小明：是啊，可是剥洋葱会越剥越辣眼，分解目标并且能坚持取得胜利，也是很不容易的。

土豆：小明说得很对。目标分解的方法是很有作用的。这是一个方法，但是还得努力和坚持。

  人生也是一场马拉松，假如我们设定了一个长期目标，但是在漫长的人生路上一直都没有**看到和这个目标相关的小目标**的话，一般来说就不太能继续去坚持这个目标了，至少难度会增加，就像跑马拉松一样，可能中途就放弃了。

  前面提到的这位马拉松运动员能够保持他的冠军地位所凭借的虽然是一个很小的诀窍，但却是非常重要的。下面的故事就是一个刚好相反的事件。

  这个故事讲述的是横渡海峡的弗罗伦丝·查德威克。她是游泳好手，曾经成功横渡英吉利海峡。然而在她第一次横渡卡塔林纳海峡的挑战中，却失败了。

番茄和小明：为什么？

土豆：因为雾。

番茄和小明：雾？

土豆：是的，她挑战横渡海峡的当天早晨雾很大。她游了很久，几乎快要到岸了，但她并不知道，她一直看到的只有浓雾。尽管在另一条船上的她母亲和教练都告诉她海岸很近了，鼓励她不要放弃。但她以为他们只是在鼓励她。因为在浓雾中看不到目标，失去了信心和勇气，她放弃了。

番茄：太可惜了！如果当时她能看见海岸的陆地也许能坚持下来呢。

小明：是啊，在征途中最可怕的不是疲劳，是没有希望。

土豆：是的，查德威克小姐后来成功地游过了同一个海峡。

番茄（欢呼雀跃）：太好了！

小明（沉思中）：即使查德威克是游泳的好手，也不乏毅力与坚持，但是她也需要看见目标才能鼓足干劲完成她有能力完成的任务。

土豆：这两个故事给我们启示。三田本一能够成为常胜将军和他的一个小小的诀窍有关系：把目标分解，并且能够看到他的目标。一次一次经过的目标，就让他知道他离终点越来越近。而后面的故事则更说明了看见目标的重要性。很少有人能做到游过海峡，她各方面的条件都具备，天赋优势、毅力、坚持、体力、耐力等等，虽然她在冰冷刺骨的海水里也坚持了15小时55分钟，但是最终还是遗憾地失败了。她唯一的这一次失败原因是什么呢？在离目的地极为靠近的地方放弃了，前面的15小时55分钟的辛苦都付诸东流了。没有达到预定的结果的原因很简单，就是因为那天起了大雾，即使她的母亲和教练都告诉她离海岸很近了，但是因为她没有看到，她看不见那个目标，那种意志力可能瞬间就瓦解了，她觉得她再也游不动了。所以这就是看见目标的作用，不要小看这种作用，人性的弱点就是这样，如果你看不见的话，哪怕你的父母也好，你的老师、朋友也好，跟你说再坚持一下就能到了，你也不太能够坚持下去，就是因为没有看见。

同样还有类似的例子，一位走钢丝渡过海峡的挑战者，也是在最后快要到达的时候放弃了。同样也是因为那是一个大雾天，看不见目标在哪里。放眼望去是一片苍茫，感觉还有很远，所以没有办法坚持。这也同时说明了目标不但需要分解，还需要能够看见。只有看到一个一个的小目标实现时，对实现那个大目标，才会越来越有信心，会越来越能坚持下去。

试想一下，如果当年刘邦没有一步一步地占领城池的话，他那个一统天下的大目标，还能不能最终坚持？这谁也不知道，但是我们可以看到他就是一步一步地离他的最终目标越来越近，最终实现了他的大目标。

小明：目标这么重要，那么如何选择目标？选择比努力更重要啊！如果出去旅行的话，可能会碰到有这种情况，不知道往哪走了，我们会在指示牌前面感到很茫然。

番茄：旅行的时候不知道往哪里走，那还有指示牌呢！人生可没有指示牌。

小明：对啊！所以对于人生来说，怎么选择我们的目标？

土豆：选择目标，可以分为五个步骤。

第一步是统合观察。统合观察不仅仅包括观察我们外部的环境，还要对内求解。我们了解自己吗？其实了解自己不是那么简单的，有的时候我们甚至真的是不太了解自己。所以，我们需要冷静地来做一些自我观察，认识自己。

第二步是横向比较。运用我们所学的知识技能还有目标对象来做比较。有一个词叫做对标，也就是说，你设定的标准在哪里，可以把它作为你的比较对象。其实我们在学生时期有时候会这么做，比如你经常是考第一名的，那么第二名可能就会把你作为比较对象，下次要争取考第一名。

第三步是因素综合。综合一下有哪些影响因素，比如有哪些困难、有哪些障碍、有哪些优势，又有哪些资源。

第四步是拟定目标。分析什么样的目标实现的可能性比较大，就像前面狮子抓猎物，狮子肯定不会去选玫瑰花，也不会去选飞鸟。当然这是出于本能所知道的，对于我们来说就需要认真分析，一般来说，不需要的不选，可能性几乎没有的也不要选。

然而，怎样看待似乎遥不可及很难实现的目标呢？需要遵循本心，了解自己的内心渴望是什么。拟定目标，有的时候是出于很愉快的因素的刺激，有的时候是出于很不愉快的因素的刺激。

当年的一枚学渣，上学的时候让所有老师和家长都非常头疼。因为从来不做作业，父母也很郁闷。可是有一天，她突然树立了一个大目标，并且当众说出来，但是老师和所有的同学都不相信她能做到。这是一个很大的打击，至少不是一个很愉快的事件。但是，这件事反而在她心里播下了一颗种子，她觉得一定要实现这个目标。所以从那天开始，她非常勤奋地努力学习，好像换了一个人似的。虽然这种刺激因素并不是愉快的，但是却有效地让她直接从学渣逆袭成了学霸。

这就是为什么要以长周期来看待事物。如果以短周期去看的话，暂时的问题会让我们觉得很难实现。但是以长周期拟定目标，就不会被眼前暂时的问题所吓倒，因为美好在前方。甚至一些很不愉快的刺激因素也能成为实现目标的动力。所以不但要有短期的目标，还要有长期的目标，并且要能够去坚持，为实现自己的目标而努力。

第五步是反馈修正。就是先在小范围内试验,然后反馈和修正。对于目标的选择,一般会先去做一些试错性的工作,也就是小范围验证。比如我们设定了一个目标,但是不是一下子就把这个目标在整个大范围内实施,可以先在小范围内做一做,然后再来反馈和修正好。

小明:五个步骤就可以了吗?

土豆:不够,这只是基本的步骤。因为目标往往不能由单个行动达到,需要花费相当长的时间,并需要采取若干步骤。所以,还可以用WOOP模型来分析并达成目标。**WOOP模型:愿望或者目标(Wishes)-结果(Outcome)-障碍(Obstacles)-计划(Plans)**。通过问自己下面几个问题来实现WOOP模型。

第一,我的愿望或者目标是什么?

第二,我的愿望或者目标实现会导致什么结果?

第三,实现我的愿望或者目标,有哪些障碍?

第四,克服那些障碍,我需要制定什么样的行动计划?

这几个问题都有明确的答案之后,可以把答案写下来,然后立即开始行动,并在行动过程中进行检查与调整,然后继续行动,并进行检查与调整的循环,坚持下去,直到愿望或者目标实现。

比如设置这样一个目标:在3个月内,(××××年×月×日8点钟之前)在不影响健康的前提下减重10公斤。所以:

第一个问题,我的愿望或者目标是什么?

——目前是80公斤,减重10公斤那就是70公斤。

第二个问题,我的愿望或者目标实现会导致什么结果?

——实现之后，会更加健美。

第三个问题，实现我的愿望或者目标，有哪些障碍？

——贪吃贪睡的坏习惯。

第四个问题，克服那些障碍，我需要制定什么样的行动计划？

——首先分解目标：第一个月减3公斤，第二个月再减3公斤，第三个月减4公斤。分解目标之后，如果没有行动，目标不能自动实现。

然后制定行动计划：为了达成目标，需要采取一些行动，行动之前会对这些行动制定一个计划。行动计划要具体，有具体的行动，还包括对自己的一些意念方面的控制。

接下来是行动里程碑：3个月，要监测目标完成的情况，可以设置自我奖励，就是完成了之后设定一个自我奖励，如果没有完成，就调整计划。

这样一个计划，也可以用一张表格的形式把它反映出来。也可以更具体地量化，然后把这张表贴在墙上，还可以请人监督自己坚持完成计划。如果这个计划、目标涉及协作的话，可以把相应的人员也写进去。

番茄：可是小明有很多角色，那他的目标该怎么选择设定呢？

土豆：把下面这张表（表2-3）送给小明，他就清楚了。

表2-3 角色-目标表

角色分类	家庭	目标	工作	目标	生活	目标
角色1						
角色2						
角色3						

五、精要平衡原则

小明：最近太忙了，天天出差，好久没有回家看看了，连电话都没有空打。

土豆：什么是你生命中最重要的？

小明：呃……我想想。财富？成功？家人？

土豆：假如你的生命还有一个月，你想和谁在一起？做些什么？

小明：呃……没想过。

土豆：假如今天是你生命的最后一天，你最想和谁在一起？做什么？

小明（呆愣）：呃……我觉得我的人生还很长呢！

土豆：假如当你去世以后，在你的葬礼上，你希望听到大家怎么评价你？

小明（冒汗）：呃……

土豆：当你把这些问题都回答了，你就找到了你生命中最重要的。在回答这些问题之前，你还需要先认识你自己。先回答一个问题：我是谁？

番茄：我是番茄啊！

土豆：哦，这只是你的名字。你是什么性格的？你的行为模式是什么？

番茄：呃……没仔细想过。

土豆：**充分了解自己之后，寻找要事的原则是：家庭-工作（事**

业)-生活，三者保持平衡。如果失衡了，将会造成很多痛苦。但是，要事不宜太多。要学会做减法。**找到家庭-工作（事业）-生活中最重要的事，并坚持去做。这就是精要平衡原则。**

小明：就这么简单？

土豆：本来就不复杂啊！但是，管理时间的重要一步，是了解自己。人们对自己的了解其实是有限的，可以借助一些性格测试题、一些行为对照的模式，来帮助自己去了解自己。了解了自己的行为模式，接下来再定计划的时候，就可以按照自己的特点来制定。

想一想自己属于哪种行为模式的人，比如是狮子型的，还是考拉型的。狮子型的人是很有力量感的，行事雷厉风行。而考拉型的则是比较慵懒的，行事缓慢。这两种类型的人制定的计划应该符合他们自身的特点。如果把狮子型的计划放到考拉型的人身上，这个考拉型的人就会很难受，狮子型的人什么都要快的，考拉型的人则喜欢慢慢的，这就好比是硬要拉着他往前奔跑，他肯定是很难受的。但是反过来，把考拉型的计划放到狮子型的人身上，他会很不耐烦，就会受不了，感觉到像跟蜗牛同行。所以，了解自己是很重要的，如果能了解别人当然更好，那在协作方面会更顺利。

心理学上把人分成四种气质类型（即多血质、胆汁质、黏液质、抑郁质）[1]。

---

[1] 源自古希腊著名医生希波克拉底的"体液学说"。他认为体液是人体性质的物质基础，人体中有四种性质不同的液体，即血液、黄胆汁、黏液、黑胆汁。这四种液体在人体内的比例不同，形成了气质的四个类型，即多血质、胆汁质、黏液质、抑郁质。

多血质的人一般表现为活泼、敏感、好动、反应迅速、喜欢与人交往、注意力容易转移、兴趣容易变换；容易形成有朝气、热情、活泼、思维敏捷等品质，也容易出现变化无常、粗枝大叶、浮躁、缺乏一贯性等特点。

胆汁质的人一般表现为直率、热情、精力旺盛、脾气急躁、心境变化剧烈、易动感情、情绪易于冲动、外向、反应迅速。

黏液质的人一般表现为安静、稳重、反应缓慢、情绪不易外露、善于忍耐、善于克制忍让、生活有规律、严肃认真，但不够灵活。

抑郁质的人一般表现为孤僻、行动迟缓、观察细致、小心谨慎、非常敏感、表情腼腆、体验深刻、多愁善感、善于觉察别人不易觉察到的细小事物、体验情绪的方式较少、具有明显的内倾性。

但是这四种气质不是单一的，也就是人都有这四种气质，但是其中某一种是主导型的，有比较突出的表现，那么他就属于这种气质类型的。不同类型的人，行动风格是不一样的。有些人是行动派、执行派，要做什么，马上就去做了；有些人会想半天，三思而后行，会一直去思考。可以通过一些测试题来认识自己所属的气质类型。不同气质类型的人，需要根据自己的气质特点来选择时间管理的方法和工具。

对照来看看自己属于哪种类型，了解自己的行为模式。

在了解自己之后，再问自己下面的问题：

假如我的生命还有一个月，我想和谁在一起？做些什么？

假如今天是我生命的最后一天，我最想和谁在一起？做什么？

假如当我去世以后，在我的葬礼上，我希望听到大家怎么评价我？

什么是我生命中最重要的事?

找到自己的个人愿景:我想成为什么样的人?

番茄:看来我们都需要好好想想。

六、人生导航仪

土豆:现在司机开车的时候常常会使用导航仪(系统),特别是当去到不熟悉的地方或在高速公路上行驶的时候。如果不开导航,在高速公路上不小心错过了下高速的路口,那怎么办?高速上不能掉头、不能后退,方向错了,只能接着往前开,然后到下一个出口再开出去,然后再掉头、去寻找正确的方向,这就是没有导航在高速公路上方向出错的处理过程。所以通常司机会配备导航系统,那么导航的目的是什么?

番茄:让司机不要开错路嘛!

土豆:对,开车的时候使用导航,可以避免开错路,否则肯定浪费时间和精力。所以导航是很重要的,特别是当远途行驶的时候,基本上都会开导航。这样可以选择最优路线,而且方向不出错。

小明:那这个跟人生有什么关系?

土豆:人生虽然很长,但是其中仅仅有一小点,只有1/3的时间是我们拿来做工作产出的。那请问,就这么点时间,如果方向错了可不可以掉头?

番茄:当然可以啊!如果30岁的时候方向错了,没关系啊,从头再来没问题啊!

土豆：其实也是有问题的。那30岁之前的时间和精力多宝贵啊！当然也沉淀下来了很多经验哈，但是相比同样的、方向正确的，同样都是30岁的，差距显然就会出现。这就说明人生其实也是需要"导航仪"的。那我们人生的导航仪是什么？

番茄：人生的导航仪？

土豆：人生的导航仪有很多。知识是其中一个非常重要的导航仪。那这知识包括哪些？

小明：包括很多啊！

土豆：是的，很多，也包括很多学科。所以，多学科的学习对一个人的人生的宽度是有益处的。比如说，人文哲社学科的人需要稍微了解一点理工思维，理工科的人需要了解人文哲社等方面。在当前的时代，掌握跨学科知识那真的是如虎添翼。有技术，又有广博的知识和多学科的思维能力，对于工作实际都是非常有帮助的。而这些知识都是可以通过主动的学习获得的。渊博的知识确实可以对人生起到重要的导航作用。

小明：但是时间可能不够用吧？

土豆：所以需要管理时间啊！因为时间的有限性，所以需要善于选择。时间管理的价值所在：**时间管理，对于人生这条单行道来说的话，它就是每个人可以自带的导航仪。因为时间管理，不仅仅是管理时间，更是管理自己、管理人生。**

第 3 章

分类顺序管理：
选择比努力更重要

土豆、番茄和小明的第三次对话

土豆：你们今天忙不忙？

小明：忙极了。但是我按照计划完成了很多工作。

番茄：我也忙极了。不停地提醒小明工作时间、休息时间，直到小明睡觉了，我才能休息。

土豆：感觉如何？

小明：感觉还是太忙了点，事情很多。

土豆：你没有找到最重要的事吗？

小明：找到了，但是发现还有很多其他的事情必须做。

一、分类顺序管理的基本方法

土豆：我们一直以来聆听的教诲，是要很努力，要更加努力，要比别人更加努力。这是对的，是要努力，但是有一种努力是无效的努力。我们不要掉进这种陷阱里面去，我们要做的是聪明的努力。就是学会做选择。选择比努力更重要。

番茄：那怎么做选择呢？

土豆：如果把我们的时间做成一个蛋糕，那么对这个蛋糕我们怎样切分？这个蛋糕当中有一些是属于确定性的事件，有一些是突发事件，有一些是琐碎的事件，还有一些是浪费时间的事件。那我们该怎么来切分和处理这个蛋糕？先来看一个工作的分类整理故事。

假设今天是星期五的晚上，小明要计划未来一周的日程，下面是这七天要做的事情：由于最近每天都出差，晚上还要加班，小明感到很疲倦，需要好好休息；而且感到头很痛，想去看医生；同时由于太忙了，好久没回家了，也没和家人打电话；当然也顾不上收拾房间，房间里乱得很，几乎都快下不去脚了；还有一大堆脏衣服没有洗，即将没有干净衣服可以换了；邀请了一个心仪的女生下周二共进晚餐，但是什么都没准备；图书馆借的书下周二到期了；信用卡下周一要还款了；外地一个朋友邀请小明下周末去玩，如果去的话，需要在下周一订好票，并且在下周四前整理好行李；下周一上午9点到11点有一个部门会议，要准备好部门汇报材料；领导要小明尽快与他见面；下周三和周四参加一个业务培训，每天都从上午9点到下午5点，第二天下午还要参加结业考试；下周五前要交一份调研报告和一份项目计划书；下周五下午3点到5点，有部门联席会议，在此之前要整理好汇报材料；小明负责的项目小组周一到周五每天上午9点到10点开晨会；同时为了增进团队的凝聚力，下周六开展团队建设活动，下周一要订好场地，下周四前要准备好活动内容和器材；下周日有一个聚会需要参加；下周一上映热播剧，主演是小明喜欢的明星；下周二公司要进校园招聘，小明作为部门主管，需要到现场宣讲。

小明，假设你在一周里面有这么多事需要安排，你会怎么安排？

番茄：为什么小明有这么多事啊？

小明（一脸平静）：事情就是很多啊。我先列个表吧，周一到周日（表3-1）。

表 3-1　小明的一周事件表

事件	时间与事件安排
1. 头痛要看医生； 2. 休息； 3. 回家看看，或者打电话回家；	星期一：？
4. 收拾房间； 5. 洗衣服； 6. 准备下周二晚上共进晚餐的食物；	星期二：？
7. 还书； 8. 信用卡还款； 9. 如果赴外地一个朋友的邀约，需要在下周一订好票，并且在下周四前整理好行李； 10. 下周一上午 9 点到 11 点有一个部门会议，要准备好部门汇报材料；	星期三：？
11. 领导要小明尽快与他见面； 12. 下周三和周四参加一个业务培训，每天都从上午 9 点到下午 5 点，第二天下午还要参加结业考试；	星期四：？
13. 下周五前要交一份调研报告和一份项目计划书； 14. 下周五下午 3 点到 5 点，有部门联席会议； 15. 项目小组周一到周五每天上午 9 点到 10 点开晨会；	星期五：？
16. 下周六有团队建设活动； 17. 下周日有一个聚会需要参加； 18. 下周一上映热播剧； 19. 下周二公司要进校园招聘，小明作为部门主管，需要到现场宣讲；	星期六：？
20. 整理好部门联席会议的汇报材料； 21. 团队建设活动的准备工作。	星期日：？

番茄：好长的表啊！

小明：是啊！还没开始安排呢，光列出来我就觉得晕了……

土豆：嘿嘿，人生就是有很多事件的啊！通过对这21件事的安排，可以简单地测一下自己的时间管理能力。给你推荐一个时间管理的方法：**分类顺序法**。你刚刚已经把事件都列出来了，现在可以把它们进行分类整理，比如工作类、生活类、家庭类、社交类。然后按照轻重缓急来排序处理，同时考虑到它们相应的耗时时间，可以把它们进行多目标的一种处理，也就是说按什么次序、哪些是可以同时进行的，进行一个计划管理的优化。

番茄：好抽象啊！

土豆：讲个小故事吧。问：如何将石块、碎石、沙子、水尽可能多地放进一个水罐里？先放什么？

小明：石块。

土豆：然后？

小明：碎石。

土豆：第三个？

小明：沙子。

土豆：然后？

小明：水。

土豆：非常好的顺序设计！❶现在我们转换一下，把石块、碎石、

---

❶ 这就是"杯子理论"，所揭示的道理是：应该研究和把握各项工作重要程度的先后顺序，按照事情的重要程度来安排工作。

沙子、水直接换成我们的工作任务。比如，列出10个事件，标出其中最难的任务，然后按难度排序，填入表格中，第一栏、第二栏、第三栏、第四栏，把我们的事件这样进行排序。之后就和这个放石块、碎石、沙子、水的故事一样，先放石块，先做完最难的那件事。然后是第二难的，然后是第三、第四……尽可能多地放进一个水罐里，其实就是在相同的时间里尽可能多地完成任务。无论是管理时间还是管理工作任务，和将石块、碎石、沙子、水尽可能多地放进一个水罐里是一个非常类似的顺序。举个例子，做作业的时候，通常要先做什么样的题目？在时间管理的任务管理当中，大石头是第一要处理的，因为目标是要装进去尽可能多的物体。所以"吃青蛙"理论❶就告诉了我们，如果你一天需要吃掉三只青蛙，那先把那只最大、最丑陋的吃掉，最丑陋的是什么意思？就是最难、让你最讨厌的、你最不想看到的。

然而，顺应心理状态的话，我们可能是不太愿意这么做的，我们会更愿意选择那些长得又漂亮、又容易吃的青蛙，但是吃青蛙理论就告诉我们先吃那个你最不想吃的，把这件事情做了之后，你顿时会感觉到剩下的时间好轻松啊，因为那个压在你心上的大石头已经搬走，卸掉了，很开心。然后再去找第二只的时候，你就会信心满满，那只我都处理掉了，我还处理不了这第二只吗？所以碎石头也处理掉了。对于那些一把就能攥在手里的小沙子，那根本不是个事儿，第三只青

---

❶ 博恩·崔西的经典比喻，出自他的时间管理畅销书《吃掉那只青蛙》："如果你必须吃掉一只青蛙，不要长时间盯着它看，如果你必须连着吃掉三只青蛙，记得要先吃掉最大、最丑的那只。"所揭示的道理是：立刻就行动和做最重要的事。

蛙就很轻松地吃掉了，如果你的精力、时间还有剩余，这个时候你可以从容地把水放进去，也就是再把剩下的事情处理掉，比如第四件事或者第五件事。但是一天当中不要排太多的事，基本上这一天过下来，到晚上睡觉的时候你会感觉状态很好。如果你有养成晚上"复盘"的习惯，你会感觉今天一天过得好充实啊，而且效果很好。注意这一点，是充实哈，不是今天一天好忙啊，哎，我今天忙死了，这是完全不同的状态。

无论是"大石头"还是"三只青蛙"的故事，其中所蕴含的道理，都是分类顺序管理。

小明：好，那我先按照事件属性分类整理，再按难易程度来排序。具体的分类和顺序，我可以自行设定吧？

土豆：可以的。

小明把21件事重新列了一张表（表3-2）。

表 3-2 小明的一周事件属性分类表

事件	类别	难易程度	先后顺序
1. 头痛要看医生；	健康		
2. 休息；	健康		
3. 回家看看，或者打电话回家；	家庭		
4. 收拾房间；	生活		
5. 洗衣服；	生活		
6. 准备下周二晚上共进晚餐的食物；	社交		
7. 还书；	工作		
8. 信用卡还款；	生活		

续表

事件	类别	难易程度	先后顺序
9. 如果赴外地一个朋友的邀约，需要在下周一订好票，并且在下周四前整理好行李；	社交		
10. 下周一上午9点到11点有一个部门会议，要准备好部门汇报材料；	工作		
11. 领导要小明尽快与他见面；	工作		
12. 下周三和周四参加一个业务培训，每天都从上午9点到下午5点，第二天下午还要参加结业考试；	工作		
13. 下周五前要交一份调研报告和一份项目计划书；	工作		
14. 下周五下午3点到5点，有部门联席会议；	工作		
15. 项目小组周一到周五每天上午9点到10点开晨会；	工作		
16. 下周六有团队建设活动；	工作		
17. 下周日有一个重要聚会需要参加；	社交		
18. 下周一上映热播剧；	生活		
19. 下周二公司要进校园招聘，小明作为部门主管，需要到现场宣讲；	工作		
20. 整理好部门联席会议的汇报材料；	工作		
21. 团队建设活动的准备工作。	工作		

小明：我觉得这样还不够醒目，用图示来标记吧！☐ 代表工作，▒ 代表家庭，▓ 代表生活，■ 代表社交，☐ 代表健康（表3-3）。

☐ 工作　　▒ 家庭　　▓ 生活　　■ 社交　　☐ 健康

表 3-3 小明的一周事件属性图示分类表

事件	类别	难易程度	先后顺序
1. 头痛要看医生；	健康		
2. 休息；	健康		
3. 回家看看，或者打电话回家；	家庭		
4. 收拾房间；	生活		
5. 洗衣服；	生活		
6. 准备下周二晚上共进晚餐的食物；	社交		
7. 还书；	工作		
8. 信用卡还款；	生活		
9. 如果赴外地一个朋友的邀约，需要在下周一订好票，并且在下周四前整理好行李；	社交		
10. 下周一上午 9 点到 11 点有一个部门会议，要准备好部门汇报材料；	工作		
11. 领导要小明尽快与他见面；	工作		
12. 下周三和周四参加一个业务培训，每天都从上午 9 点到下午 5 点，第二天下午还要参加结业考试；	工作		
13. 下周五前要交一份调研报告和一份项目计划书；	工作		
14. 下周五下午 3 点到 5 点，有部门联席会议；	工作		
15. 项目小组周一到周五每天上午 9 点到 10 点开晨会；	工作		
16. 下周六有团队建设活动；	工作		
17. 下周日有一个重要聚会需要参加；	社交		
18. 下周一上映热播剧；	生活		
19. 下周二公司要进校园招聘，小明作为部门主管，需要到现场宣讲；	工作		
20. 整理好部门联席会议的汇报材料；	工作		
21. 团队建设活动的准备工作。	工作		

番茄：这样看起来醒目多啦！

小明：分类完毕，现在开始按难易度排序了。这个度怎么标识呢？呵呵！我想到刚刚的小故事，就把最难的比喻成石块吧，第二难的比喻成碎石，第三难的比喻成沙子，最容易的比喻成水。

先后顺序也就出来了（表3-4），石块最先做，排在第1位，然后是碎石，排2，沙子，排3，水，排4。

最难$\stackrel{1}{——}$石块；第二难$\stackrel{2}{——}$碎石；第三难$\stackrel{3}{——}$沙子；最容易$\stackrel{4}{——}$水。

番茄：小明，你真有创意！

表3-4 小明的一周事件分类顺序表

事件	类别	难易程度	先后顺序
1.头痛要看医生；	健康	石块	1
2.休息；	健康	水	4
3.回家看看，或者打电话回家；	家庭	水	4
4.收拾房间；	生活	碎石	2
5.洗衣服；	生活	碎石	2
6.准备下周二晚上共进晚餐的食物；	社交	水	4
7.还书；	工作	水	4
8.信用卡还款；	生活	水	4
9.如果赴外地一个朋友的邀约，需要在下周一订好票，并且在下周四前整理好行李；	社交	沙子	3
10.下周一上午9点到11点有一个部门会议，要准备好部门汇报材料；	工作	碎石	2
11.领导要小明尽快与他见面；	工作	石块	1
12.下周三和周四参加一个业务培训，每天都从上午9点到下午5点，第二天下午还要参加结业考试；	工作	石块	1
13.下周五前要交一份调研报告和一份项目计划书；	工作	石块	1
14.下周五下午3点到5点，有部门联席会议；	工作	石块	1

续表

事件	类别	难易程度	先后顺序
15.项目小组周一到周五每天上午9点到10点开晨会；	工作	碎石	2
16.下周六有团队建设活动；	工作	沙子	3
17.下周日有一个重要聚会需要参加；	社交	石块	1
18.下周一上映热播剧；	生活	水	4
19.下周二公司要进校园招聘，小明作为部门主管，需要到现场宣讲；	工作	碎石	2
20.整理好部门联席会议的汇报材料；	工作	碎石	2
21.团队建设活动的准备工作。	工作	碎石	2

小明：耶！安排好了！

二、分类顺序管理的优化方法

1.时间管理矩阵

土豆：应用分类顺序管理的方法，除了按照难易程度来排序外，还有一种被广泛使用的方法，就是著名的"时间管理四象限"定律，也被称为**四象限原则、四象限矩阵、时间管理矩阵**。"时间管理四象限"定律是把工作任务分成两个维度，一个是重要性维度，另一个是紧急性维度，然后分清工作轻重缓急，并按照轻重缓急来排序。分清轻重缓急，是在时间管理中很常用的原则和方法。操作步骤为：①按照紧迫性和重要性把事件进行划分，可以直接用文字表示，也可以用符号表示。比如ABCD或1234是类别，重要且紧急的为A类或者1类，重要不紧急的为B类或者2类，不重要紧急的为C类或者3类，不重要不紧急的为D类或者4类。②分类之后，按类别填入矩阵的四个象限里面去。矩阵的画法可以采取多种，ABCD所处的位置在不同的画法当中稍微有一点差异，但是内涵都是一样的。

重要性和紧急性两个维度的地位是不同的，重要性是第一维度，紧急性是第二维度，重要性比紧急性更重要。所以，根据事件的重要性和时间的紧急性，可以将所有的事件分成4类：**重要且紧急、重要不紧急、不重要紧急、不重要不紧急**。即建立一个二维四象限的矩阵，如表3-5所示。这样就可以用来将面对的各种事务进行分类。这个矩阵由四个象限组成：第一类是"重要且紧急"的事件，比如健康问题、处理危机、完成有期限压力的工作、紧急的问题等；第二类是"重要不紧急"的事件，比如发展新机会、长期工作规划等；第三类是"不重要紧急"的事件，比如某些电话、会议、信件、必要但不重要的问题；第四类是"不重要不紧急"的事件，就是浪费时间的事件，比如某些娱乐活动。对于重要性和紧急性的判断，可以因人而异，但也有一些参考：紧急性指如果不能按期完成，你或别人将遭受损失；重要性指如果它成功地完成，你或别人将取得很大的收益。这里的收益不仅仅是指经济方面的，而是指各个方面的，包括物质层面的或者精神层面的。带来的收益越高，这个事件的重要程度越高。

表3-5 时间管理矩阵

维度	紧急	不紧急
重要	1 第一象限　危机处理	2 第二象限　工作规划
不重要	3 第三象限　回复邮件	4 第四象限　看无聊的电视

时间管理矩阵的运用中，一个重要问题就是排序的问题。需要按照一定的标准来排序。排序的首要标准就是重要的程度，但是这个重要程度的判定标准是因人而异的。重要程度的判定标准可以从这样的角度去制定：按照对实现目标的贡献度的大小来判定。对实现目标的贡献大，就是属于重要的，分配的权重就大。第二个标准就是时限性，也就是紧急程度，越紧急的越优先。

　　把事件按照重要紧急标准分好，然后填入时间管理四个象限，优先排序也就很容易排好了。如表3-5所示。第一类重要且紧急的，就是很紧急的，又很重要。比如发生了危机，这种事情，通常要优先处理。第二类重要不紧急的，虽然很重要，但是显得没有那么紧迫。比如资格考试很重要，但不是立即发生的，通常从报名到考试会有一段时间，那么这就属于重要但是不紧急的事情。第三类就是不重要紧急的。这里要说明一下，关于是不是重要、是不是紧急，这是因人而异的，因为有些事情对甲可能很重要，但是对乙可能不重要，有些事情对丙很紧急，但是对丁就一点都不紧急，所以才会有协作原则。第四类是不重要不紧急的，就是没有意义、不值得去做的事。但是否属于不重要不紧急，这是和价值观、角色、使命相关的，每个人的标准可以不一样。

　　前面提到将石块、碎石、沙子、水尽可能多地放进水罐里的问题，实际上就是说要先做重要的事情，常常会有很多的剩余时间。就像装石块的铁桶里有意想不到的剩余空间来装碎石、沙子和水。如果用时间管理矩阵来做呢？无论是三只青蛙，还是石块、碎石、沙子和水，哪些属于石块、碎石，哪些属于沙子，哪些属于水，这就需要我们自己识别并且分类。所以在时间管理矩阵当中，首先要把事件进行分类，然后放进相应的象限。

番茄：哦，听起来也不是很难嘛！

土豆：时间管理其实也可以很简单。

第一步，列出事件清单，按重要性紧急性排序，然后画出时间矩阵图，把你的事件清单上的事件填入相应的象限。

第二步，分析四个象限。第一象限，重要且紧急的事件，比如发生危机，个人信用面临一个巨大的危机，这是重要的事件，而且需要立即去处理，否则就会影响后面的贷款。这就很重要很紧急了，需要立即就去处理。对于急迫的问题、有期限压力的任务，比如明天要交一份重要报告，这肯定是很紧急的。而且，对于你的职业生涯来说，它也是很重要的，可能还是突发事件，那么这都是属于第一象限的事情。第二象限，重要不紧急的事情，是属于防患于未然的，叫做未雨绸缪事件，也就是说尽管现在还没有发生此类事件，但是现在要做好相关准备，以便未来发生事件时可以从容应对。人们有时候会忽略第二象限，直到把第二象限的事都挤到第一象限了。其实仔细想想，就发现第二象限的事情挺多的。

番茄：可以举一些例子吗？

土豆：比如学习时间管理就属于第二象限。因为目前还没到那么糟糕混乱的工作、生活、学习一堆乱麻的那种状态，现在没有这种状态，但是，未来有没有可能会有？

番茄：可能的。

土豆：而且，学习了时间管理，有什么好处？

番茄：好处很多啊！可以提高效率，可以未雨绸缪，可以避免陷入盲忙茫……

土豆：所以，这属于防患于未然的事件，就是现在学了时间管理，那么就降低了未来碰到盲忙茫这种局面的概率，这就属于第二象限的事件。

番茄：还有哪些属于第二象限的事件呢？

土豆：改进和提升自我的产能方面，也属于第二象限的事件。比如，动作很缓慢的，读书速度很慢的，一个星期读不完一本书，"蜗牛"的这种学习方式的。那就要想啊，怎么来提高效率。主持人鲁豫在节目里曾说她能够同时读五本书。

番茄：哇，太厉害了！

土豆：那怎么来加快阅读速度，这就属于改进产能方面。建立人际关系也是属于第二象限。人都是社会人，这个事件自然是重要的，但是这通常不是那么急迫的，因为人际关系也不是你说建立马上就能建立起来的。另外，还有发现新机会、规划目标、休闲管理等等，这些都是属于不紧急但是重要的事件，把它们放在第二象限。

番茄：为什么休闲放在第二象限？

土豆：早期人们认为，一天到晚都在工作状态当中，是很好的。但后来发现不对，不推荐当工作狂。因为不能只工作。现在认为，休闲应该也是一个重要的事件，因为只有得到了有效的休闲，大脑的创造力才能充分地发挥出来。比如为什么欧洲会有很多创意人才。因为那里不但有创意文化的积淀，还有悠然闲暇的文化氛围，人们有时间去遐想。如果你在沙滩上看到一个人躺在那里，眼望天空，你会觉得这个人很无聊，还是觉得他是在休闲？想象一下我们现在的状态。如果我们坐在那里，你别说躺在沙滩上看天空了，如果你坐在那里，好像是啥也没在干，在那里发呆、放空。你的领导会觉得你是在做什么？

小明：领导会觉得这是不好好上班吧。

土豆：如果你在读书的时候，在家里经常这样，可能你的父母就会着急——这孩子怎么这么浪费时间啊，这么久了，还在那发呆！但其实有效的休闲会带来有效的工作状态或者学习状态，所以学会休闲也很重要。并不是人人都会休闲。有的人休闲，并没有得到休闲，而是消耗在休闲当中，比如通宵打游戏、追剧，让自己变得更累了。

番茄：啊，休闲还这么有学问啊？

土豆：生活中处处都有学问。第三象限也是需要注意的。第三象限，也就是第三类事件，是不重要但是很紧急的事件。包括不速之客、电话、信件、报告、某些会议或者必要但是不重要的问题，这些属于第三类事件。这类事件，通常最好是能不做就不做，或者是授权，让别人来做。第四象限，也就是第四类事件，是不重要不紧急的事件，就不要去做。浪费时间的事件就是属于第四类事件。至于哪些是属于浪费时间的事件，那就要自己去界定了，去设计权重。

小明：很详细，我来试试，按照重要性紧急性重新安排一下我下周的事件（表3-6）。

表 3-6　小明的一周事件按照重要性紧急性分类表

事件	类别	重要性	紧急性
1. 头痛要看医生；	健康	重要	紧急
2. 休息；	健康	重要	紧急
3. 回家看看，或者打电话回家；	家庭	重要	不紧急
4. 收拾房间；	生活	不重要	紧急
5. 洗衣服；	生活	不重要	紧急
6. 准备下周二晚上共进晚餐的食物；	社交	重要	紧急
7. 还书；	工作	不重要	紧急
8. 信用卡还款；	生活	重要	紧急
9. 如果赴外地一个朋友的邀约，需要在下周一订好票，并且在下周四前整理好行李；	社交	不重要	紧急
10. 下周一上午 9 点到 11 点有一个部门会议，要准备好部门汇报材料；	工作	重要	紧急
11. 领导要小明尽快与他见面；	工作	重要	紧急
12. 下周三和周四参加一个业务培训，每天都从上午 9 点到下午 5 点，第二天下午还要参加结业考试；	工作	重要	不紧急
13. 下周五前要交一份调研报告和一份项目计划书；	工作	重要	不紧急
14. 下周五下午 3 点到 5 点，有部门联席会议；	工作	重要	不紧急
15. 项目小组周一到周五每天上午 9 点到 10 点开晨会；	工作	重要	不紧急
16. 下周六有团队建设活动；	工作	重要	不紧急
17. 下周日有一个重要聚会需要参加；	社交	重要	不紧急
18. 下周一上映热播剧；	生活	不重要	不紧急
19. 下周二公司要进校园招聘，小明作为部门主管，需要到现场宣讲；	工作	重要	不紧急
20. 整理好部门联席会议的汇报材料；	工作	重要	不紧急
21. 团队建设活动的准备工作。	工作	重要	不紧急

番茄：哇！这么多，眼睛看花了……

小明：好吧，确实看花眼了，做成矩阵吧。先标出1234（表3-7），然后填入矩阵的四个象限（表3-8）。

表3-7 小明的一周事件按照重要紧急性分类四象限表

事件	类别	重要性	紧急性	所属象限
1. 头痛要看医生；	健康	重要	紧急	1
2. 休息；	健康	重要	紧急	1
3. 回家看看，或者打电话回家；	家庭	重要	不紧急	2
4. 收拾房间；	生活	不重要	紧急	3
5. 洗衣服；	生活	不重要	紧急	3
6. 准备下周二晚上共进晚餐的食物；	社交	重要	紧急	1
7. 还书；	工作	不重要	紧急	3
8. 信用卡还款；	生活	重要	紧急	1
9. 如果赴外地一个朋友的邀约，需要在下周一订好票，并且在下周四前整理好行李；	社交	不重要	紧急	3
10. 下周一上午9点到11点有一个部门会议，要准备好部门汇报材料；	工作	重要	紧急	1
11. 领导要小明尽快与他见面；	工作	重要	紧急	1
12. 下周三和周四参加一个业务培训，每天都从上午9点到下午5点，第二天下午还要参加结业考试；	工作	重要	不紧急	2
13. 下周五前要交一份调研报告和一份项目计划书；	工作	重要	不紧急	2
14. 下周五下午3点到5点，有部门联席会议；	工作	重要	不紧急	2
15. 项目小组周一到周五每天上午9点到10点开展会；	工作	重要	不紧急	2
16. 下周六有团队建设活动；	工作	重要	不紧急	2

续表

事件	类别	重要性	紧急性	所属象限
17. 下周日有一个重要聚会需要参加;	社交	重要	不紧急	2
18. 下周一上映热播剧;	生活	不重要	不紧急	4
19. 下周二公司要进校园招聘,小明作为部门主管,需要到现场宣讲;	工作	重要	不紧急	2
20. 整理好部门联席会议的汇报材料;	工作	重要	不紧急	2
21. 团队建设活动的准备工作。	工作	重要	不紧急	2

表 3-8 小明的一周时间管理矩阵

属性	紧急	不紧急
重要	1 第一象限 头痛要看医生; 休息; 准备下周二晚上共进晚餐的食物; 信用卡还款; 下周一上午的部门会议,要准备好部门汇报材料; 尽快与领导见面	2 第二象限 回家看看,或者打电话回家; 下周三和周四的业务培训和结业考试; 下周五前要交一份调研报告和一份项目计划书; 下周五下午3点到5点的部门联席会议(要在此之前整理好部门联席会议的汇报材料); 项目小组周一到周五每天上午9点到10点的晨会; 下周六的团队建设活动; 团队建设活动的准备工作; 下周日有一个重要聚会需要参加; 下周二公司校园招聘的现场宣讲
不重要	3 第三象限 收拾房间; 洗衣服; 还书; 如果赴外地一个朋友的邀约,需要在下周一订好票,并且在下周四前整理好行李	4 第四象限 看热播剧

番茄：这样看起来清楚多了。

小明：嗯，这么整理一下，头绪就梳理清楚了。怎么第三象限的事情这么多？第一象限也挺多的，第二象限事情很少，第四象限也不多。

土豆：是的，大部分人都是这种情况，紧急的事情一大堆。但是，**重要性比紧急性更重要**。紧急的事情，因为火烧眉毛，常常会被优先处理。但是其实重要的事情才是更加关键的，因为它对我们的目标是有着直接影响的。所以做事的顺序，四象限原则指出来的是首先要做重要且紧急的事情。重要且紧急，先做；然后就是第二象限，重要不紧急；然后是第三象限，不重要紧急；最后做不重要不紧急的事情。所以可以就按1234来排序。当然时间分配的比重是不一样的。

番茄：如果在四个象限当中一直在处理重要且紧急的事件，会怎么样？

土豆：按照排序来说，应该要优先处理，但是如果偏重于这一类事物，也就是经常都是在处理这个，那么结果会怎么样？

小明（泪流满面）：就是在忙于收拾乱局、危机处理，然后压力重重，精疲力尽……我现在就是这样，每天都很忙很累，很没有成就感。

土豆：这是大多数人的状态。不管有没有学过时间管理，有的时候就是这个事件是紧急的，你做也得做，不做也得做，很多人都是被动地在应付，被动地在做这些事，就像前面举过的李总经理的例子，经常在处理第一象限的事情。

番茄：那么，如果经常在做第二象限的事务，又会怎么样？

土豆：会有比较好的结果。因为未来有可能发生的危机，由于提前就做了准备，预防处理掉了，而且所做的事情都是可以为目标服务的。

番茄：那如果经常在做第三象限的事务呢？

土豆：第三象限的事务，属于不重要但是紧急。如果经常在做第三象限的事务，时间久了，处理多了，其实你也知道这些事不重要，但是因为紧急，所以你总是需要去处理，慢慢地，你自己也会变得很短视了，因为你没有时间看远方。其实可以很清楚地分辨出来哪些是重要紧急的事情。所以很紧急但是不重要的事情，可以授权委托处理或者快处理。

番茄：如果经常在做第四象限的事务呢？

土豆：那更糟糕。花很多时间去做不重要不紧急的事情。整天在做没有什么价值的事情，能力得不到提升，而且可能会连工作都保不住了。现在职场竞争多激烈啊，如果整天都是在做没有价值的事情，又不重要，又不紧急，那后果可能很严重。

番茄：所以这个优先顺序就很清楚啦，1234象限，就按照这个顺序来排。

2. 重视第二象限

小明：所以在做事时，就按照先做第一象限，然后第二、第三、第四象限的顺序来安排吗？

土豆：简化法是可以这样执行的。按照1234象限顺序排列，重要且紧急的属于一级优先；那么重要不紧急的，就是二级优先；不重要紧急的是三级优先；不重要不紧急的，当然就放在四级优先。但是，人们在处理事情的时候，常常会把紧急排在重要之前。对于本应三级优先的——不重要紧急的，往往会排在二级优先或者一级优先。也就是不管重要不重要，紧急的事情统统先做。

小明：这样有什么不对吗？

土豆：这样就是天天在做"灭火员"了。灭火员就是处理紧急的事情，比如第一象限和第三象限，通常都是很紧急的事情，火烧眉毛，需要赶紧处理的。这种就是灭火员的工作。但是，在时间管理当中，要尽量避免。

小明：可是紧急的事情不处理，会出问题的！假设第一象限的又重要又紧急的事件发生了，比如火灾，这肯定是要优先处理。再比如，产品质量问题突发，像丰田汽车刹车失灵事件发生后，迅速地进行危机公关处理——总裁亲自当众鞠躬道歉，然后表态大规模召回。所以第一象限的问题，紧急又非常重要的，需要第一时间优先处理。在危机管理中有很多的成功案例，有的甚至能够将危机变成转机。个人也是这样，处理得好，危机会变成转机。还有一些有期限压力的重大计划或者会议、项目、报告，常常会出问题。比如前面的案例"李总经理的一天"当中，有一件第一象限的事情，就是要交一份非常重要的报告，但这份报告最后是带回家去加班做的。这就是优先顺序没有处理好。

土豆：没错，要达到少做紧急的事的目标，需要通过事先的安排、规划、处理，让第一象限和第三象限的事情减少，特别是第一象限的事情。否则想象一下，如果整天处在一种灭火员的状态，会是什么感觉，比如在一个月里天天都在处理危机，有可能会感到身心疲惫。所以建议：不要总做灭火员，尤其是灭自己点的"火"。因为如果提前计划好，这些"火"是完全可以避免的。而有些外因造成的紧急事件是没有办法避免的，就更需要从内因方面寻找突破口，尽量做好充分准备。

小明：但是好像不容易做到这个状态呢。

土豆：是的，因为人们常常会忽视不紧迫的事情，所以需要特别重视第二象限：重要但是不紧急的。因为时间总量是一定的，这四个象限合在一起就是我们的时间总量，哪个象限多了，其他象限自然就会减少，所以这四个象限是可以调整的。如果把第二象限的时间占比放大，把其他象限的尽量缩小。这样就可以避免经常做紧急的事情。例如刚刚讲到的丰田汽车质量问题导致的危机处理，虽然非常成功，但是如果事先多投资在质量管理方面，使得产品质量达到零缺陷，危机不出现，这就是通过"投资"第二象限，从而避免第一象限的事情发生。

番茄：这个四象限原则很有名哦，我也知道呢！

土豆：**四象限原则**被用得很广泛，大概因为很简单很实用，只要坚持就好了。

小明：可是知道了，不一定能做到啊！

土豆：是的，知道了不一定能做到，但是不知道肯定做不到。

番茄：所以需要先知道。比如知道了四象限原则，然后再去好好地应用。

土豆：应用四象限原则的时候，首先要能对事件进行分类识别。比如对第二象限事件的识别。哪些通常会属于第二象限呢？

小明：开拓业务、维护客户关系、制定规划等等，这类事情。

土豆：是的。比如联系一个客户、维护客户关系，是今天去做，还是明天呢？看起来影响并不大，但显然是重要的。客户关系不维护是否可以呢？

番茄：好像可以。

小明：但是时间久了这个关系会趋于冷淡，最终消亡。

土豆：因为客户关系不属于强关系。什么是强关系？比如你和你的父母，你哪怕十天半个月甚至两个月没联系，他们还是你父母，还是照样对你很好，这就属于强关系。但是有一些弱关系，如果你不维护，某一个新认识的朋友半年甚至一年后都没有再联系，你再联络他，对方很可能都不知道你是谁。所以这样的客户关系就需要去维护。这些事情就是属于重要但没有那么急迫的。

小明：有的时候为了使得这类事情完成，也会设置一些期限压力的。倒是制定个人规划的事情，我常常会一推再推。

土豆：制定个人规划可不可以拖？当然可以拖。规划就是对将来可能发生的事件预先做的一个计划，很重要，但没那么急，今天做，明天做，下个星期做，都没有问题。这种时候，人们常常就会出现拖延的心理和行为。比如让学生交作业，不论是明天就要交还是下个星期才交，学生们完成的情况基本是一样的，效率高的学生还是可以准时交，效率不高的或者就是喜欢拖延的，就是给他拖到下个星期他照样还是交不出来。所以第二象限是很有意思的象限，常常被拉进拖延的区域当中去。倒是属于紧急但是不重要的第三象限，常常比第二象限的事件优先得到处理。比如你正在伏案工作，有陌生电话打进来了，这就属于紧急但是不重要的，因为这是没有预约的来电。所以，可以把它放在第三象限，第三象限就是三级优先的，现在可以不处理，等有空时再酌情处理。

小明：哎呀！说到电话我现在真的很烦恼，智能手机的出现，使得我们不管是出差也好，旅行也好，无论是上班还是节假日，都随时可以被打扰到。还有的甚至需要秒回。

土豆（笑了）：是啊！时代和科技的发展，连我们土豆的种植都可以反季节了，随时都可以有新土豆，我这个老土豆也感到"压力山大"

啊！所以，虽然回电是第三象限的问题，但是有时候会被人为地变成了第一象限，这就是为什么我们经常会觉得，后面好像有很多东西在追，推着我们往前走。

小明（哭脸）：我就常常会有这种感觉。

土豆（笑了）：**保持好情绪，万事都有解决办法**。在时间管理当中，怎么处理这类问题呢？批量处理！我们不可能24小时拿着手机去看消息，也不可能12小时拿着手机，啥也不干。有一个简单的方法：定时看一看。比如过两小时，中间休息的时候看一看有没有消息需要回复的。当然，如果你实在碰到对方要求你秒回的，那就要看对方是谁酌情应对了，最好学习一些有效沟通的技巧。第四象限，就是一些杂事。不相关的信函、电话、邮件，这些会不会浪费我们的时间？

番茄：会的，有一种烦恼叫邮箱和手机的烦恼。

小明：我的手机和邮箱里面有很多的广告信息或者广告邮件。

番茄：这些也会占用我们的时间的。

土豆：当然啦！现在有些广告标题还写得让人以为真的是必读邮件，结果点进去一看，哦，原来是条广告，3分钟就过去了。一封邮件3分钟，处理十封这样的邮件，30分钟就浪费掉了。还有些短信发得很有诱惑力，结果花时间看看，最后发现不是那么一回事。但这些都会把我们的时间占掉。不知不觉间，十几分钟或者二十多分钟就没有了。所以，时间在我们的指缝里溜走是很厉害的。这些都属于被动性的时间浪费，有时候还比较难避免，因为有时候不太容易甄别，就算是直接删除也需要一点时间。另外，还有些主动性的时间浪费，比如不知道今天要做什么，晃悠晃悠就到了晚上，这一天就啥事都没做。这种都是属于无意识的时间浪费状态，因为没有感觉到时间的流逝。

小明：对啊！我都没有感觉到，时间就飞逝了。

番茄：小明，其实你还有一些与工作、学习、生活都无关的消磨时间的状态。

小明（尴尬地笑了）：是不是等我老了，就可以有资格消磨时间啦？

土豆：哈哈，当然可以啦！不过也不全是这样。像"褚橙"不也是老人家栽培出来的吗？这可不一定和年龄有关，是和我们的行为模式与心理年龄有关。

总结一下：**把重要的事情都当成紧急的事情去做，扩大第二象限，缩小第一象限**。反过来，让重要的事情都变成了紧急的事情，这是没有管理好时间。通常第一优先是做重要且紧急的事情，但是有一个小技巧，就是把第二象限扩大，把这些虽然不紧急但是重要的事情当成重要且紧急的事情去做，这样我们的心理状态会很安定。

比如下月末才要交的一份重要报告，这周就把它做好了，做的时候会感觉很从容。把重要的事情当成紧急的事情去做，但它实际是不紧急的，那我们的心理状态是很稳定的，到了下月末要提交的时候，就轻轻松松啦。

否则的话，到时候就又要急得抓耳挠腮、熬夜加班。在这种紧急状态下做出来的报告质量可能就要打折扣了。其次，身心的状态也要经受不一样的过程。所以如果经常在处理第一象限那些重要且紧急的事情，比如总是忙于处理危机及收拾残局，这很容易使人精疲力尽，会让人经常感到压力很大，天天加班，而且工作质量也不尽如人意，处于一种身心疲惫的状态，长此以往既不利于个人健康也不利于工作。

如果稍微做一些转换，将时间和精力多投入到第二象限的事务中，会发现整个感觉都改变了。因为第一象限与第二象限的事件是有互通性的，第二象限的扩大会使第一象限的事件减少，而且处理时由于时间比较充分，自然效果会比较好，从而使人感觉轻松愉悦。反过来，第二象限的事情虽然不是那么紧急，但是如果不重视，它随时都可能发展成重要且紧急的事情。第二象限可以称为未来象限，把时间投资在第二象限，也就是为未来做准备。长此以往你会发现自己变得很有理想、有自制力、有平衡感，很少有危机感。遗憾的是，只有少部分人才会在第二象限做比较好的"投资"。所以，**多做第二象限的事情，是提高效率、保持身心健康的重要原则。**

而第三象限的事情，是盲目忙碌的一个重要的源头。这个象限的事情最好授权请人去做，或者通过委婉的拒绝减少这类事务的投入，或者在极短的时间内快速处理。第四象限的事情，尽量别做。如果在第四象限所花费的时间太多的话会严重影响到自己的工作和前途。

所以，时间管理矩阵告诉我们三点：

①正确的做事顺序是："重要且紧急"的事，第一优先做；"重要不紧急"的事，第二优先做；"不重要紧急"的事，第三优先做；"不重要不紧急"的事，最后做。

②和第一点相辅相成：把时间多投资在第二象限。也就是有重点

地把主要的精力和时间集中地放在处理那些重要但不紧急的工作上，这样可以做到未雨绸缪，防患于未然，可以有效减少第一、第三象限事件的发生。如果不能有效控制重要但不紧急的事，那么这些就会变成"重要且紧急"的事，也就是第二象限没有有效控制，那么第一象限将会扩大。这就成了大多数人的做事现状：疲于应付。而第二象限的事做得多了，第一、第三、第四象限的事就自然变少了。

③比做"重要且紧急"的事情更重要的是"把重要的事当成紧急的事去做"。

因此，**时间管理的一个重要指导原则：多花时间在"重要"的事情上，不管它紧急不紧急。**

小明：太好了！我感到豁然开朗啊！

3. 分类管理的 4D 法则

土豆：运用时间管理矩阵对事件进行了分类顺序管理之后，就涉及事件处理的方案——4D 法则，对应的就是这个轻重缓急的优先级管理的处理方案，也可以说是针对时间管理四个象限的不同处理法则。

相对应的 **4D 法则**：第一象限，重要且紧急的事情，是压力和危机的源头，必须立即去做，即 Do it now（立即做）；第二象限，重要不紧急的，安排好时间来做，稍后做，即 Do it later（稍后再办）；第三象限，不重要紧急的，可以考虑授权、外包，将能委托的事尽量委托给他人，这样可以节约时间干最重要的工作，即 Delegate it（授权）；第四象限，不重要不紧急的就不做，把一些与目标无关、没有效益、可以丢掉的事丢掉，即 Don't do it（**不做**）。

4. 时间 ABC 分类法

番茄：时间管理矩阵，是按照重要性和紧急性分成四个象限，四个象限的事件分别为：重要且紧急、重要不紧急、不重要紧急、不重要不紧急。这和时间 ABC 分类法很相似啊！

土豆：时间 ABC 分类法其实也是按照轻重缓急这个原理，这两者其实是相通的。只不过 ABC 分类法把这四个象限分成了三类事件，用 ABC 来进行分类，也就是按轻重缓急将工作分为 A（紧急、重要）、B（次重要）、C（一般）三类：A 类属于重要且紧急的，B 类属于次重要的，C 类属于一般的。既然分成了 ABC 类，那么相应的，A 类是必须做的，B 类是应该做的，C 类是可以不做的。

ABC 分类法的操作步骤是这样的：

①列出事件清单；

②按轻重缓急将工作分为 ABC 三类；

③按照 ABC 的优先顺序排序，并估计事件所需要的时间和时间的占比，制定计划；

④执行计划并记录实际执行时间，也就是在工作当中记录事件实际所用的时间，然后把计划所用的时间和实际所用的时间进行对比，分析时间的使用效率，同时为后面制定计划提供一些支持；

⑤定期重新调整自己的时间安排，从而更有效地工作。

按照 ABC 来分类比四象限法（或 4D 方案）使用起来稍微简单一

些，即把事件清单列出来，然后把ABC标出来，显示起来也更加清晰，执行的时候也很容易分清类别。这是一种比较简化的方法。将这三类事件分好并排序后，需要估计或者计算大概需要的时间，制定计划并去执行和定期调整。不断地反复实践之后，最终会发现，预估和实际的时间使用还是有一些差距的。当不断磨合和调整后，时间安排的准确性会提高，可以使实际和预估趋于一致，使工作更加有效地开展起来。

番茄：为什么要做记录？太麻烦了！

土豆：因为我们常常会有一种"时间幻觉"，会觉得："啊！我速度超快的，这种事情30秒就搞定了。"实际测量后会发现，经常会超时。也有时会有另外一种错误的评估："我动作很慢的，这需要五分钟。"实际测一下可能会发现三分钟就已经完成了。这是因为我们常常会根据一些自我认定，做出一些和实际不一致的估计。因为记忆和感觉本身就存在着偏差。所以要做记录，实际测出来的才是准确的。做记录能够让我们更加准确地认清事实。刚开始是有点麻烦，建议从小处着手，可以从一件事开始。还可以制定一些符号进行简化。比如任务完成打个钩；延期就打个箭头；任务取消、事情不用做了，或者是这个事件没有了，那就打个叉；如果是授权的任务，画个圈再打个钩；进行中的，就画个实心的圆圈。这些符号都可以自己定义，用于表示任务的进度和进展情况，当然如果你觉得画符号太麻烦，愿意写字也没有问题，选择你方便的方式即可。符号比文字简化，但是需要记忆，经常使用会变熟练。这张项目管理的图表符号，可以作为参考（表3-9）。

表 3-9 项目管理图表符号示例

序号	图元/字母	项目结构图	项目组织结构图	流程图	分工表
1	□	工作任务/组分	工作部门	工作	
2	——	连接			
3	-----		指令线		
4	——		主要指令线		
5	→		指令关系		
6	⇨		合同关系		
7	◇			判别条件	
8	▫			工作和工作执行者	
9	☆				主办
10	△				协办
11	○				配合
12	P				筹划
13	E				决策
14	D				执行
15	C				检查
16	I				信息
17	B				顾问
18	Ke				了解
19	Ko				检查

小明： 分类顺序管理方法听起来很好啊，我得赶快行动啦！

土豆： 别急，先来了解一些执行的原则吧！

三、分类顺序管理的原则

1. 优先原则

小明：优先原则和分类顺序管理的方法有什么区别吗？

土豆：分类顺序管理方法的核心是：分清轻重缓急，排出优先次序。这其实是一致的，只是一个更加详细，一个是简练总结。比如，前面提到的4D法则可以简化为**每日优先原则：把每天要做的事列一份清单；按照轻重缓急确定优先顺序；快速处理重要且紧急的事情；每天都从最重要的事做起；每天的三分之二的时间用于做重要的事情**。这个原则来源于艾维利时间管理法——**六件事法则**。可以分为以下三步：

第一，把每天要做的事情列一份清单（比如六件事情）；

第二，确定优先顺序，从最重要的事情开始做起，然后是很重要的，然后是次重要的……；

第三，每天都坚持这么做。

看上去是不是很简单？也就是在一天当中把绝大多数的精力都放在这六件事当中，这是六件事法则。现在看起来这样简单的一个法则，在当年的价值却是25000美元！当年伯利恒钢铁公司愿意为此付出25000美元的咨询费用，因为当时伯利恒钢铁公司总裁舒瓦普认为自己需要的不是更多知识，而是更多行动，希望艾维利能告诉他如何更好地执行计划，而艾维利给出的六件事法则在执行几周之后，让他很有触动，认为那是他一生中最有价值的一课。事实上，这一咨询带来的成效也很显著，伯利恒钢铁公司通过这样一个简单的时间管理法则，整个公司从上到下,从总裁到每一位管理人员,都坚持每天按照这一法则去做重要的事,坚持下来,公司业绩整体提升,更在五年后成为了当时全美最大的私营钢铁公司。

番茄:哇!太棒了!这么简单,效果还这么好!

土豆:大道至简啊!有效的未必都是复杂的。简单又有效,更加可以坚持到达成。六件事法则的具体步骤:写下你明天要做的六件最重要的事;用数字标明每件事的重要性次序;明天早上开始做第一件事,直到完成或达到要求;然后再开始完成第二件、第三件……;如果时间只允许做完第一件,那也没关系,因为已经做了最重要的事;每天都要这样做,养成习惯。运用艾维利时间管理法有**两个重要原则:先解决最重要的问题;每次只解决一个问题**。

番茄:时间管理当中,有一些很重要的原则,是经过了实践检验的,所以只要掌握了其中的一小部分,就可以成为一个高效能人士。比如六件事法则。每天不要定太多,选出重要的六件事,六件事当中又选出最重要的,按照重要程度前后排序。重要且紧急其实就是四象限法则,这是类似的,把每天要做的事列一份清单,确定优先顺序,从最重要的事情做起,每天都这么做。就是这么简单。

小明:你也可以成为一个高效能的番茄了。

番茄:哈哈哈!

2. 二八法则

小明:应用分类顺序管理方法的时候,还需要注意什么呢?

土豆:应用的时候,需要遵守一些法则。首先,是二八法则。

番茄：我知道这个法则，也是一个很有名的法则呐。

土豆：遵守二八法则，可以大大提高合理安排时间的有效性。二八法则也叫帕累托法则（Pareto Principle）❶。这非常有意思。番茄，你说是少数服从多数，还是多数服从少数？

番茄：嘿嘿！一般来说是少数服从多数，但是我知道这个法则哦！二八法则却告诉我们少数可以控制全局，也就是少数可以控制多数。

土豆：嗯，我们的小番茄还是很博学的嘛！这是一个很有意思的现象：在任何特定的群体中，重要的影响因素只有少部分，只要能够把那些很重要的影响全局的少部分因素管理好，就能掌控全局。这里也再次说明了一定要遵守重要性的法则。要集中精力在重要的事情上，而不是要把时间平均分配。因为事情的重要性和紧急性不是平均的，那么平均分配时间和精力就不是一种对等的方法，所以要把大多数的时间投入到能够带来更高回报的工作上。同时，自己做重要的事情，不重要的事情授权他人去做。

番茄：所以一些对目标没有什么影响的事情你也用同样的时间去做，那就会把你做重要的事情的时间挤占掉。因此，需要很好地安排时间，要把精力主要放在重要但不紧急的事务处理上。小明，你想一想，你的时间和精力有没有可能是平均分配的？

小明：有可能。但是如何能简单快速地判断重要的事情呢？

---

❶二八法则俗称二八定律，又名80/20法则、不平衡原则等，被广泛应用于社会学及企业管理学等。该法则是19世纪末20世纪初意大利经济学家帕累托发现的。他认为，在任何一组事物中，最重要的只占其中一小部分，约20%，其余80%尽管是多数，却是次要的。

土豆：简单而言，重要的事情能够产生很大的回报。但是可能是当下就产生，也可能是将来才产生。

番茄：还可以设定优先顺序，哪些是必须做的、哪些是应该做的、哪些是可以做的，把它分出来。

土豆：有一句俗话说："一分耕耘，一分收获。"但是，我们从二八法则中却可以发现不一样的现象：同样时间的一分耕耘，但是收获却不一样。有的人是一分收获，有的人是多分收获，有的人竟然没有收获。在原因和结果、投入和产出、努力和回报之间，竟然存在着无法解释的不平衡的现象。这就是二八法则的发现。

小明：二八法则这么好，那怎么运用呢？

土豆：二八法则说明需要专注聚集。所以可以根据二八法则进行分析，找出那"20%"影响你的目标的关键因素，并据此来建立优先顺序。将"80%"的时间花在这"20%"的关键影响因素上。把主要精力优先放在重要的、能推动目标的工作上。只用"20%"的时间花在"80%"的这些琐碎的但占据多数的而又不重要的事情上。因为就算你花了"80%"的时间在不重要的问题上，也只能取得"20%"的成效。

小明：因为"20%"的工作占整个工作"80%"的价值，所以集中"80%"的精力做好这"20%"的工作，然后投入"20%"的精力做另外"80%"的工作。这样我就可以从要做的一大堆要事中选出最具价值的最重要的事优先做了。

番茄：坚持很重要哦！可不能"三天打鱼，两天晒网"啊！

小明：那么如何坚持这一法则呢？

土豆：坚持二八法则可以和坚持精要平衡原则结合起来运用。

运用的三个步骤：第一，设定目标；第二，确定要达成这个目标的关键重要活动；第三，重新安排时间，把更多的时间投入到关键的重要活动上去。

具体的操作程序，其实和时间管理矩阵的程序是相似的：

①把工作项目全部列出来；

②按照对目标的影响程度进行分类；

③分配自己的时间和精力。

小明：可是怎么才能分配好自己的时间和精力呢？每天清单上都有很多事情，而我都想把它们做好。怎么分配时间和精力，都还是不够用。

土豆：这是很常见的一个问题。就是想面面俱到，什么事情都想做好。但是我们要提醒自己：人的时间和精力总量是有限的，必须学会取舍。分配时间和精力的原则也可以根据二八法则简单概括为：**专注于能产生"80%"效益的"20%"的关键工作；"80%"的非关键任务可以少花时间和精力，也可以授权或者放弃。**

番茄："我们可以选出"20%"重要的事情，把这些重要的事情都做好。

小明：那些不重要的事情呢？

番茄：授权啊！

小明：授权给谁？我自己都是被领导的。

土豆（敲黑板）：刚刚才说啊。"80%"的非关键任务可以少花时间和精力，也可以授权或者放弃。这是一个选择的问题。不重要的事情，可以不做的，就不要做，就是放弃；必须做的，又不能授权的，就做好组织安排，集中一个时间段，批量快速处理。

小明：那有可能做不到那么完美呢？

土豆：你有点完美主义啊！都想做完、都想做好，但是人的时间和精力都是有限的，事事追求完美，这会累人累己哦！我们可以追求完美，但我们**也需要接纳不完美**。因为我们自己尚且不完美，要求我们做的事情事事完美，这也是不现实的。所以，尽自己最大努力去做好，但同时能接纳自己的不完美，接纳自己做的事情的不完美。

做正确的事情比正确地做事更重要。选择对的事情去做比做对事情更重要。选择对的事情做的时候，要注意这几点：回报和收益，完成会怎样，不完成会怎样，一定要自己完成吗？选择非常重要，二八管理法就是很好的用于做选择的工具。真正能够产生价值的，常常只剩下20%，比如20%的客户带来的销售额。所以，二八法则说明：其实不需要所有，全部常常意味着时间是不够用的，要从一大堆的事件当中选出那些最有价值的事情来优先做，要选择对的事情。二八法则就是告诉我们选出最有价值的事情去做。所以我们会看到有些销售很有经验，他会去选择那20%，然后用80%的时间和精力去做好这20%，这就是二八管理法。简单来说就是重要的事情首先做，用80%的精力去做好20%的重要的事，所以根据二八法则来选择，其实我们可以不用那么累。因为我们只有20%的重要的事情，我们用80%的时间和精力去做就好了，这样时间就很充分了。如果我们用80%的时间和精力去做那80%不重要的事情，按照时间和精力分配单位来计算的话，哪个需要的更多？肯定是那80%不重要的事情。那么20%的重要的事情用80%的时间和精力去做，不是显得很充分嘛！所以二八法则告诉我们常常是20%的关键努力产生80%的绩效，换句话说，我们80%的工作时间与付出常常是浪费。

举个例子，可以更清楚地理解。你以前是不是碰到过这样的学霸，他看起来并不是很努力，常常很悠闲，是不是很令人羡慕？秘诀很可能就是他用80%的时间和精力去处理20%重要的事情，所以他的时间和精力看起来是很充分的。这就是二八法则给我们的一个非常重要的启发。当我们意识到这一点，再去改善就会更加容易，这其实就是我们前面讲过的杯子理论（放石块、碎石、沙子和水的故事），这个故事大家一听就懂，都知道怎么去做，如果把这些东西换成我们的工作任务，是不是还能够正确地进行排序呢？

小明（恍然大悟）：也就是优先做有价值的事。相对于平均分配，运用二八法则可以提高时间价值！

土豆：是的，**在单位时间内做最多的事可以提升你做事的效率和速度，但是在单位时间内做最有价值的事就可以提升你做事的价值。**

3. 时间记录原则

土豆：杜拉克时间管理法提出，有效的管理者不是从他们的任务开始，而是从他们的时间开始。所以，**有效时间管理的三步法**包括：

① 记录时间；

② 管理时间；

③ 集中时间。

杜拉克认为有效的时间管理主要是记录自己的时间，以分析时间耗在什么地方；管理自己的时间，设法减少用于非生产性需求的时间；集中自己的时间，由零星而集中，成为连续性的时间段，在整段时间内的工作效率大于在分散时段的工作效率之和。

这个方法可以作为一个原则来坚持，这就是**时间记录原则**。坚持这个原则的有两个楷模：一个是晚清重臣曾国藩；另一个是时间统计法的创始人柳比歇夫。

时间记录原则后来衍生为"时间日志"，即通过搜集、分析时间使用、寻找对策来管理时间。时间日志的第一步是搜集，记录自己的时间；第二步是分析，对时间使用的清单进行分析，然后找出时间管理方面存在的一些问题；第三步是寻找对策。搜集包括记录自己的日常生活、工作花费时间的清单，要求记录一周内每隔半小时的所有活动。分析包括对时间使用清单进行分析，发现自己在时间管理方面的问题。寻找对策包括制定计划、养成习惯；注意出现概率大的事件，寻求简化的方法。比如集中时间就是一种对策。还可以通过记录活动日志来判断一下自己时间的有效度。活动日志就是把每天的活动时间、活动内容记下来，然后将情绪状态、紧急性、重要性对应标出来。每天这样记录，对自己的时间的有效度就会有了解了（表3-10）。

表3-10 时间日志（活动日志）

时间	内容	情绪状态	紧急性	重要性	备注
……					

分析时间日志可以发现时间是怎样消耗的。你会惊讶，每天会有1/3的时间是花在浏览手机页面上了，宝贵的时间就是这样不知不觉被浪费掉了。记录时间很有价值，但是，最开始的两周是不那么舒服的，因为要把每一项工作从开始时间到结束时间都记录下来，虽然可以简单记，但是要坚持下来就比较枯燥，每天还要进行统计分析。好在现在有一些时间记录的软件，还可以使用一些小技巧，比如善用一些节省时间的工具。

4. 日历清单管理原则

土豆：时间管理方法中，有一种方法叫做日程管理法，也就是日程表时间管理法。进而根据简化的原则提出了日历清单管理原则：用日历清单管理每一天。

小明：什么是日历清单管理原则？

土豆：智能手机上都自带有日历功能，这可以有效地帮助我们管理时间。无论是列清单，还是排序，还是日事日清，用手机的日历功能就可以轻松解决。日历清单管理原则：提前一天把第二天需要完成的事件记在手机日历上，完成了就删除；随时随地把需要完成的事件按照估计执行时间记在日历的相应时间处，到时完成了就删除；未完成事件留在原日历处，定期查看，不需要再做了的就删除，需要再做的另行安排时间，并记在日历上；每天坚持按照这个原则执行。

小明：这么简单？

土豆：对啊！不需要太复杂啊！简单就好。但是，在执行原则之前，可以思考这几个问题：第一，如何选择对的事情做？想得到什么样的结果？第二，这件事是必须要做的吗？可以不做吗？不做的危害有多大？完成会怎样？不完成会怎样？第三，这件事一定要自己完成吗？是不是可以交给别人去干？第四，是不是还有更好的方法？

小明：有一些确定的事件还需要天天记录吗？

土豆：当然啦！一个月、一周中确定的事件，记录到日历中相应的日期里；第二天的事件，提前一天记录到相应的第二天的日历里，并且根据轻重缓急，排在相应的时间段里。第二天，完成一件，则删除一件，到晚上，当天的日历中完全清空，心里顿时感到非常轻松。每天都这么做，出现有时间节点的事件，马上记录到日历上。每天查看日历，按照日历清单开展工作，保证每天做的都是重要的事、必须做的事。天天如此。大脑不再忙于记忆各种待完成事项，而是开始思考，心情也不再焦虑，要做什么、什么时候做什么，看日历清单就可以了。

小明：太好了！想想都觉得很轻松啊！

5. 集中原则

小明：什么是集中原则？时间怎么集中？

土豆：集中原则既包括时间上的集中，也包括物资上的集中。

时间上的集中表现为：**整段时间内集中处理事情**。集中一段时间处理一些事情比分散处理效率更高。这是从实践当中发现的。比如要考研或者要准备考试，通常会把这段时间集中下来就做这件事情。集中处理，可以提高专注力和效率。

物资上的集中可以表现为：**建立资料仓库**。资料仓库是把所需要的资料，包括年历、年计划表、月计划表、周计划表、日历、日计划页、会议备忘页、备忘录、通讯录、网址录、国内主要城市电话区号、度量衡换算表、地图、系统活页夹、计划工作库……，分类摆放到一个纸质活页夹或者电子文档库内，最后通通放在一个本子上，纸质的或者电子的都可以。就像建成一个仓库，或者也好像是一个数据库一样，并且可以做一些视觉化呈现。资料仓库最大的优点是资料齐全，并且查找方便。而且也很方便，可以随身携带，可以经常翻阅。这个也是节约时间的一种方式。因为如果你要到处去找这些东西的话，也要花时间，所以可以集中一个时间段，把资料全部整理好，放进去集结成册，一个本子随身带，全都在里面。现在随着技术工具越来越先进，可以用手机自带的文档功能、应用软件或者电子笔记本来制作电子化资料仓库。

6. 精简原则

小明：我已经制作了资料仓库，还要怎么精简呢？

土豆：这个精简原则不仅要求集中资料、舍得放弃，更是聚焦在流程优化方面。根据崔西定律：任何工作的难度与其执行步骤的数目平方成正比。也就是说，完成一项工作有3个步骤，那么这项工作的难度就是9，如果完成另外一项工作有5个步骤，那么其难度就是25。所以步骤越少，这件事情完成的难度就越小。比如，现在的软件，越来越简单好用，太复杂的一般人会不太愿意用，除非专业人士。包括电商，太简单啦！只要稍微学一下，连老人家都会在网上买东西。为什么要这么做？答案是要降低难度，获得推广应用。所以精简原则更注重流程优化。特别在互联网领域，是不断地在追求极致简单，最好是用户一键就下单，一键就支付了。现在的电子支付也越来越简单。越来越简单，其实是一个精简原则的应用。精简原则，不仅是在时间管理当中，在很多领域都是非常有用的。

小明：哦，明白了，那我的资料仓库还可以再做一些精简优化。

7. 韵律原则

小明：什么是韵律原则？

番茄（在弹琴）：就是我这首曲子的节奏，韵律优美。

土豆：哈哈！番茄说得还挺对的。韵律其实就是节奏感，韵律原则就是保持节奏感。弹琴如果能时时保持节奏感，乐音就优美动听。反之，没有节奏感，就变成噪声了。

番茄（在弹琴）：就像这样，哆来咪发——铛铛铛……

小明（捂着耳朵）：番茄，你快别弹了，太吵了！

土豆：音乐没有节奏感听起来就像噪声，时间管理没有节奏感就会导致烦躁。韵律原则首先要**保持自己的韵律**。就是保持自己的节奏感，使自己不被打扰。

小明（捂着耳朵）：如果受到打扰，怎么办？就像现在，怎么让番茄停下来？

土豆：哈哈哈！番茄是你的助手哦，你可以命令她停下啊！上级处理下级的打扰相对比较容易。当然还有更高阶的处理方式。关于如何处理打扰，请参考第一章"六、时间黑洞"。

今天说一下打扰程度的问题。比如对于无意义的打扰电话要学会礼貌地挂断，那电话的打扰程度如何？打扰性强还是不强呢？

小明：当然强啊！

土豆：所以在选择沟通方式上，可以用一些打扰性不强的沟通方式。比如说微信、E-mail（电子邮件）就有这样一个功能，你发个微信或者E-mail过去，对方不一定立刻回复你，那这种打扰性就不是很强。电话打扰性是很强的，你打过去人家接还是不接？

小明：通常都会接。

土豆：那这就属于打扰性很强的，以前即时沟通经常需要打电话，而现在的电子邮件、微信等既具备了及时性，同时又给对方留了空间。所以技术和沟通方式的更新都是随着人类社会的发展，共同往前推进的。时间管理技术也是如此。

小明：与时俱进啊！活到老，学到老！

土豆：其实，保持自己的韵律，除了使自己不被他人打扰之外，更重要的是不被自己打扰。

小明：不被自己打扰？

土豆：对！不被自己打扰就是要**遵守纪律，守时守约**。小明，你有没有错过提交报告或者提交什么重要资料的时间节点？

小明（不好意思的表情）：有啊！常常忘事，我是不是年纪大了？

番茄（吐了吐舌）：小明，你年纪轻着呢，还是前途无量的有为青年呢！

土豆：在工作当中，比如，领导说这份报告下星期五要给他。假设今天是星期四，下星期五意味着还有8天，听起来还很远，如果这份报告最多一天就能完成，请问：你会什么时候开始写这份报告？

小明：总要先做完手头的事情吧，周末就不加班了吧！可能下星期二开始写？反正不会立即开始写。

土豆：通常来说，时间富余的任务，会让我们懈怠，会觉得还有时间，后面再做，我今天手头上还有一堆的事情，明天星期五，也还有一堆事情做，后天、大后天是周末，要休息一下，下星期一又开始了一天的工作，还要安排一周的工作计划……然后就到了下星期四……你就会突然发现：哎呀！明天要交报告了！

番茄：糟了，没时间了！

小明（泪流满面状）：还有时间，晚上熬通宵吧！

番茄：啊？！熬通宵太伤身体了！

小明（仰天长叹，泪流满面状）：没办法啊！

土豆（一脸严肃）：如果不管理时间的话，这种情况是很有可能出现的！因为你会忙于处理手头上的事情，那些看起来紧急、重要的事情。这件事情，本来是不紧急但重要的，但是由于你一直在处理第一象限重要且紧急的事情，而忽视了这个虽然当下看起来不紧急但重要的事，那么到了下星期四，临近时间节点了，它就变成一件又紧急又重要的事情了，所以只好在下星期四，而且很有可能是在下班之后加夜班把它做完，因为第二天早上就要交，所以你不得不这么做。这个班到底是不是有必要加的？

番茄：本来是可以不用加的。

土豆：现在有一个词语叫"996"，可以去观察、分析一下，加班到底是有效还是无效的。曾经看过这样一家公司员工的工作作息时间案例，很有意思：这家公司的员工10点上班，上了班之后先干吗？去喝点茶，喝点咖啡，聊聊天。到中午了，吃午饭。吃完午饭，打开电脑，看看网页，看看新闻，然后到了时间再去吃个下午茶，再聊聊就到下班时间了。然后干吗？下班之后大家全部变得很忙碌，开始工作，工作到深夜……

番茄：好奇怪的事情啊！为什么会这样啊？

土豆：后来发现，原来是这样的：加班是算加班工资的，几倍不等。一开始人们加班赶工，渐渐地发展为熬夜，久而久之形成了习惯，最终变成下班之后才开始工作。

番茄：这样加班的有效性确实值得商榷。

小明：这么长的工作时间有没有效果先不说，大家的时间总是被花掉了。

土豆：是的。乍一听，这个工作太辛苦了，上午10点工作到半夜12点，但是真正有效时间是下午5点到12点，7小时，也就是说其实是正常的上班时间能完成的事情，却挪到下班后那个时间段去做了。但是，出现这个现象，能怪员工吗？

小明：我觉得不能怪员工，这是制度设计的问题。可能公司要营造这种文化，那员工有什么办法？别人一看这个地方，哇！到了下班时间全是灯火通明的，都在那儿工作。但其实对员工个人、对公司、包括对员工的家庭都没啥好处，因为时间都被浪费掉了。

土豆：所以制度设计、制定规划很重要！对于个人工作，一定要有时间观念，这项工作应该什么时候完成要做到心中有数。如果公司制定的规划有不合理之处，作为个人该怎么办呢？

番茄：个人只能遵守啊！

土豆：小明，如果你在这样一个企业上班的话，你会怎么做呢？

小明：我想我会随大流就这么做。

土豆：然后你的一天十几个小时的时间也就这样子耗掉了，或者说耗掉了一半。你是一直这么做，还是会有自己的想法？

小明：不知道。

土豆：即使外部没有设定目标，自己也可以设定目标。当上午10点到下午5点，别人都在喝咖啡聊天、浏览网页、玩的时候，你选择做什么，这是自己可以选择的。即便改变不了大家都在下班之后开始工作的这种环境，你可以选择自己要做的事情，主动权在于自己。你可以在别人喝茶聊天的时候，选择看书，或者做点什么。每个组织里都会有那么一小部分人是与众不同的。当然不是说一定要鹤立鸡群啊，就显得特别与别人不同哈，而是说他的内心和他的行为上，是有自己的目标的。所以，小明，**即使外部没有设定目标，自己也要树立一个目标并设定时间期限**。遵守纪律，守时守约，也包括**遵守自己制定的纪律和时间，遵守和自己的约定**。

小明（若有所思）：嗯！

土豆：韵律原则除了要保持自己的韵律外，还要与别人的时间取

得协作。这里就衍生出**协作原则**。协作原则,也就是与别人的时间相协调。一个关键点是**多采用预约制**。如果你没有预约就贸然打扰对方,通常他心里不会很愉快,可能你想达到的拜访效果就达不到了。这种状态怎样可以避免?其实就是具有一种协作思路就好了,要多站在对方的角度上去考虑问题。一般来说,时间管理比较注重了解对方的行为习惯,预约拜访,不推荐陌生拜访。另一个关键点是**如果不能按期完成要提前联系**。有时候碰到特殊情况,比如下星期五要交的那份报告,并不是由于拖延或者其他主观原因,确实是因为一些问题,比如报告中涉及的一些资料暂时没有办法获得,那就不能等到下星期五才说,不能因为不好意思说而不说,因为已经规划好了这个时间段是要讨论这份报告的。这时就要提前联系,说明情况,这看起来很简单,但是不要忘记去做。很多时候其实很简单的,发一条微信或者一个消息,或者打一通电话,这个问题就可能解决了,但是如果你少了这个环节,有时候就引出麻烦来。越简单的东西往往越容易被忽视,而容易忽视的往往就是我们"踩坑"的地方。

8. 统筹时间原则

番茄:什么是统筹时间?

土豆:统筹方法是一种安排工作进程的数学方法。它的应用范围很广,其实质主要就是安排好工序。统筹时间原则是衍生过来的,就是安排时间的合理工序。从个人管理来说,举个例子就比较清楚了。以熬一锅汤为例,时间分配为:烧水需要15分钟;洗汤锅要1分钟;

取汤料、汤碗各需要1分钟；洗汤料5分钟；洗汤碗3分钟。怎么来安排时间？这个问题并不复杂，家庭主妇们都会安排得很好，这是从实践中提炼出来的。

通常，可以有几种办法。甲采取第一种：先洗好锅，倒入凉水，放在火上，在等待水开的时间里拿汤料和汤碗、洗汤料和汤碗，等水开了放料熬汤。乙采取第二种：先做好准备工作，拿汤料和汤碗、洗汤料和汤碗，一切就绪后，洗汤锅、倒水、烧水，然后坐在那里，等水开了熬汤。丙采取第三种：洗干净汤锅，倒入凉水，放在火上，坐待水开，水开了之后，又急急忙忙去拿汤料和汤碗、洗汤料和汤碗、熬汤。请问你是哪一种？

番茄：呃……我不做饭的。

土豆：很多事情的处理也是同样的道理。**统筹时间原则主要是把工序安排好**。这个例子中的目标：想熬汤喝。现状：开水没有（烧水需15分钟）；汤锅要洗（1分钟），拿汤料（1分钟），拿汤碗（1分钟），洗汤料（5分钟），洗汤碗（3分钟）。如何统筹安排？

小明：洗汤锅要1分钟，烧开水要15分钟，拿汤料1分钟，拿汤碗1分钟，洗汤料5分钟，洗汤碗3分钟，然后熬汤。如果汤锅不洗，不能烧水，洗汤锅是烧水的一个前提条件。所以，首先把汤锅洗好，汤锅洗好了才能倒水下去烧。然后呢？先烧水还是先拿汤料汤碗、洗汤料汤碗呢？拿汤料汤碗、洗汤料汤碗，是熬汤的前提条件。没开水、没汤料、不洗汤料，就不能熬汤，因而这些又是熬汤的前提条件。但是，不拿汤碗、不洗汤碗不影响烧水，直接影响烧水的事件是洗汤锅。而有没有开水又是直接影响熬汤的事件。同时，因为烧水需要15分钟，耗时是最长的。而拿汤料只要1分钟，拿汤碗1分钟，洗汤料5分钟，洗汤碗3分钟，加在一起10分钟。那么在烧水、等待水开的时候，是不是可以就顺便拿汤料、拿汤碗、洗汤料、洗汤碗呢？把这四件事都做完了，耗时才10分钟，可以从容地做完，然后还有5分钟悠闲地等待水开熬汤。所以，优先顺序就可以这样排：先洗汤锅，倒水烧水；在等待水开的时候，拿汤料、拿汤碗、洗汤料、洗汤碗；等水开了，熬汤。

土豆：是的，这就是传说中的统筹时间。是不是很简单？平时生活当中都在使用。虽然简单，但是一旦明白了其中的道理，作用可是很大的。我们来算一下甲、乙、丙的方法耗用时间的差异。

番茄：我来算。甲先洗锅（1分钟）；洗好锅，倒入凉水，放在火上，在等待水开的时间里面，拿汤料（1分钟）和汤碗（1分钟）、洗汤料（5分钟）和汤碗（3分钟），共计10分钟；等水开了（15－10=5分钟）放料熬汤；甲的方法要16分钟。乙先做好准备工作，拿汤料（1分钟）和汤碗（1分钟）、洗汤料（5分钟）和汤碗（3分钟）；一切就绪后，洗汤锅（1分钟），倒水然后烧水（15分钟），然后坐在那里，等水开了熬汤；乙的方法要26分钟。丙先洗干净汤锅（1分钟）；倒入凉水，放在火上，坐待水开（15分钟）；水开了之后，去慌忙拿汤料（1分钟）和汤碗（1分钟）、洗汤料（5分钟）和汤碗（3分钟），熬汤喝。丙的方法也要26分钟。甲和乙、丙所使用的时间，中间相差10分钟。

土豆：这还没有考虑他们的状态。甲的状态是从容不迫的；乙的速度虽然慢，但是状态还是很好的，不慌不忙；丙不但速度慢，而且状态是慌慌张张的。所以统筹安排的能力很重要啊！如果按照提高工作效率、缩短工时的目标来安排的话，关键环节在于烧水这个时间。去分析这个时间节点，就可以很有效地把时间统筹起来使用。这就是为什么有些人效率很高，同时在做几件事情而不显得忙乱，而有些人的单位时间效率看起来也是很高的，但是却显得很忙乱，因为水开了他再去拿汤料、汤碗啊，洗汤料、汤碗啊，所以看起来很慌乱，这就是一个顺序的问题。这个例子很简单，但是非常能说明问题，可以衍生使用，去看看自己工作、生活当中有没有类似的事件，或者把它引申到自己的学习、工作当中去，都是同样的道理。

番茄：其实我的番茄钟也是能够很有效地合理安排时间的，而且还能劳逸结合。

小明：对啊！番茄钟的255法则，很好用呢！

番茄（得意）：255法则提倡工作25分钟，休息5分钟或者练习5分钟。因为根据研究，人的专注力是在25分钟之内。255法则有一个工具，就是番茄钟。每25分钟"吃掉一个番茄"，然后去休息一下，或者去活动一下，全称为**255番茄钟法则**。因为我们的注意力能够集中的时间是有限的，该休息的时候一定要休息，累了就休息，不要去熬。如果我们疲劳作战的话，其实效果不一定很好。曾经有这样一个故事。公司里有两个团队在PK（对决），他们要争取同样一个项目，谁提交的方案最好，那么这个项目就交给谁。结果，有一队就是整天从早到晚不断地做方案，一直在做这个事情；另外一队是该工作的时间工作，到了休息的时间就去休息。结果，到最后反而是休息时间更多的那一队胜出。

小明：为什么呢？

番茄（得意）：因为从早到晚都在做的那队，经过一段时间之后，他们这个团队所有人员都已经很疲乏，到最后脑子都不清醒了；而另外一队始终保持着头脑清醒的状态，所以到最后PK的现场，反而休息时间更多的那一队胜出啰！

小明：很有意思，并不是拼命熬夜，一定效果更好。真是更好的休息，更加高效的工作。但是，人们却总是在启动单一角色状态，特别是在一些快节奏的城市里，人们总是以这种奔跑的状态工作、学习、生活，以至于引发了一系列的身心问题。

土豆：你们说得太好了！事实上，时间进程由一系列的事件和人组成，所以时间管理就是控制事件、管理自己的行为、安排工作的先后次序。从这个角度去理解，从无序到有序，这就是时间管理在做的工作。包括前面所说的记录时间的方法等等，然后运用二八法则从"一团乱麻"中找出其中重要的20%的事件，或者说，按照精要平衡原则或者六件事法则，把其中的要事找出来并且有效执行。最后在执行的时候，按照255法则来使用时间，保持工作和休息的平衡。

9. 规划原则

小明：我们经常都做规划，规划也需要作为一个原则吗？

土豆：对啊！你们经常做规划，说明这件事重要啊！当然要作为原则来坚持了。但是你个人有没有经常规划呢？

小明：没有。

土豆：其实也很简单就可以做到。就是每天在下班前抽出15分钟，做好明天的规划或者计划。选出明天的"六件事"。当然，如果下班前抽不出时间，晚上做也可以。但是最好不要养成把工作带回家的习惯，所以这些列入工作日程当中的事情都会在工作的时间当中被完成。而这15分钟就是为第二天的计划预留的时间。这也被称为**15分钟法则**。

小明：都说一日之计在于晨，早晨是一天的开始，看来现在还要加上一句，一日之计在于昨天的15分钟。

番茄：哈哈哈！

土豆：还要加上一句，一日之计在于昨夜的复盘。

番茄：复盘？

土豆：要实现有效管理，第一步是认识角色，确定自己认为重要的角色。第二步，设定目标。为这一角色确定未来一周的目标安排进度，确定完成这些目标的时间，并根据实际进展情况逐日调整。可以每天清晨依据行事历来安排一天做事的顺序，当天晚上，还可以做一个**复盘**。比如有一些当天没有完成的事件可以把它安排到下一个行事历中去，这样既不会遗忘，又能够把事件的顺序有效地安排好。将当天好的经验总结下来，并固化成为习惯。当然，规划和复盘都可以时期更长点，比如月度、年度等。总之，要勤于规划，定期复盘。

10. 化整为零原则

土豆：化整为零包括两部分内容。一方面是要学会分解一些大的目标，**将整体的大目标分解成零散的小目标**。大目标固然激励人心，但是能否实现才是关键。而将大目标分解为一个个小目标，通过不断实现一个个小目标，就会最终实现大目标。简化工作的一个方法是分解。把要做的事情分解成若干单元，分解是让我们能够正确快速地完成它们的一个很好的步骤，面对一个个小单元，会让自己对要做的事情充满信心。面对着一座大山，会感觉"压力山大"，但是如果把它分段，分成山脚下一小段，然后上山的一小段，中间再设置几个凉亭之类的，就这么一小段又一小段、一个凉亭又一个凉亭地爬上去，那么最后看上去让人压力山大的山也就爬上去了。同时，**尽量将每件事情一次性做对**。有没有碰过返工的情况？

小明：返工是经常的啊！

土豆：事情没有做好，重新来，再做一遍，这也会占用很多时间。所以，一开始就要尽量将每件事情一次性做对，也是节约时间的一种方式。另一方面是**将整体活动分成零散的类别**。可以按照价值高低分类处理。对于**高价值活动的处理原则：**一是**优先处理**。而且要排除外界的干扰，专注地去处理。运用黄金时段去做高价值的活动，剩余的时间再做一些琐碎的小事情，把重点突出，排除外界的干扰，头脑中始终有最终的结果。二是**自己设定高价值活动的完成期限**。比如自己设定一个最后的期限，这样可以合理地安排事情的进展，将大项目分解，逐步完成。最终在项目要求的时间节点前完成。还可以设置一些阶段性的自我奖励，这样可以让自己始终保持积极的状态。三是**高效地运用自己的黄金时段去做高价值活动**。同时，注意提高效率。对于**低价值的活动处理原则：**一是**可以授权或者让别人去做，节约自己的时间**。比如外卖就有这样的功能。自己做一顿饭一般约花费一到两小时，点外卖，点单、下单、收单，排除质量问题等其他因素，单从时间角度来说性价比突出，这就属于授权或者分派。现在还有很多人工智能产品，可以通过授权解放人类的劳动，节省了时间和精力。二是**低价值的活动，标准不要太高**。不要追求完美，对一些没有价值、浪费时间的事情，学会识别，及时放弃。三是**低价值的活动批量处理**。把低价值的活动汇总起来，集中时间去完成。

11. 考虑不确定性原则

土豆：在做时间管理时，还要考虑不确定性。

番茄：什么叫考虑不确定性？

土豆：考虑不确定性就是在时间管理的过程中，还需为应付意外的不确定性事件留出时间，因为计划没有变化快。巴菲特说过"未来最确定的事件就是不确定"。也就是说，一定会有意外的不确定的事件，所以要为它预留出时间。怎么去预防？怎么去预留？

首先就是每件计划都预留一个多余的时间作为预留时间。比如估计这件事情完成需要30分钟，那预留15分钟作为预留时间以应付可能发生的意外事件。举例：上班或者上学路上的通勤时间，一般就可以预留一些时间，如果交通堵塞，那通常还不仅仅是15分钟，可能要预留更多的时间，因为不确定会不会遇到塞车，如果迟到了，辩解是塞车，是不是可以被接受？

小明： 不会被接受的。领导会说："你可以早点出发啊！"

土豆： 有这样一些人，似乎很会利用时间、很珍惜时间，过马路会抢黄灯，红灯转黄灯了之后还要闯过去，或者显示还有几秒就要变红灯了，飞奔过去抢那么几秒钟，看起来时间效率运用得非常高，很会利用时间。但是他们在刷剧、刷手机时，一刷几个小时刷得不亦乐乎，那么请问他是真的很会利用时间、很会管理时间吗？

番茄： 不知道。

土豆： 其实时间管理并不仅仅是提高单位时间的工作效率，而是你对事件要有清晰的认识，对自己的目标要有清晰的认识，凡是围绕着你的目标的事件都属于关键事件，而这些关键事件，通常不会太多。如果太多的话，就把它分解到每天，例如每天三件事，最多每天不要超过六件事，否则你会觉得太多。然后还要排序，把重要的放在前面去处理。这样会发现，其实时间管理还是挺简单的，简单又实用，坚持去做就好了。

土豆（敲黑板）： 第一个预防的方法是不要掉到时间管理的大海里面去，时间管理的方法工具等等一大堆，但是我们其实需要的并不多，**只需要找到自己需要的那部分就可以了。**

第二个预防的方法就是努力使自己在不留余地又饱受干扰的情况**下完成预计的工作。** 比如，有的人能够在闹市上丝毫不受干扰地完成自己的读书计划。

第三个是另外准备一套应变的计划，也就是备份（backup），A计划不行，就启用B计划，保证能够在规定的时间内完成工作。

四、分类顺序管理示例

土豆：我们来实践一下：如果同时发生六种情况，怎么办？上午10点，办公室外面有客人敲门；手机响了；办公室的电话响了；领导发来消息，要求尽快去见他；茶壶里的水开了；中午需要订餐，还没选购下单。同时发生上面六种情况，你会先做什么后做什么？

番茄：这是一个先后顺序问题。

小明：嗯，可以按照轻重缓急来排排看。这六件事，哪些是属于重要的？哪些是属于紧急的？

土豆：轻重缓急的先后顺序，是可以因人而异的。比如说，我认为水开了是重要且紧急的。

番茄：可是有客人来了，你不能置之不理啊！

小明：领导要求尽快去见他，还是早点去吧！去晚了恐怕要挨骂了。

土豆：所以见领导这件事的处理应当优先，这是一种思路。水开了，是最紧急也是最容易、最快能够解决的，所以这件事的处理要优先，这是第二种思路。客人的事情需优先处理，这是第三种思路。这里就有三种思路了。你们觉得哪一种思路更好？

小明：第一种更好。

番茄：第三种更好。

土豆：分类其实涉及价值观和目标的问题。番茄认为接待客人很重要，这样一种思路，说明是非常重视待客之道的。想象一下，比如你去别人家里做客，你按了半天门铃都没有人来应，但是你明明知道主人在家里，这是什么感觉？

番茄：哼！下次我再也不去他家做客了。

土豆：会有被忽视的感觉。如果说是性子比较急躁的，可能心里在着急，甚至掉头就走了。再回到水开了这件事情，这件事很急啊！水开了，如果你不关火会是什么结果？

小明：水就溢出来了，会冲灭炉火。

土豆：水火无情，这可是涉及安全的问题。如果认为这件事情是最紧急的，说明安全意识比较高。所以，当价值观中认为这是最重要、最紧急的事情的时候，就会先去做这件事情。如果从处理问题的效率方面来说，关火、开门都不慢。但是开门的话，有时候可能还要寒暄一下，所以优先级排序，谁最优先，这就看你认为什么东西最重要。如果非常强调安全的话，一定会选择先去处理开水的事情；如果是重要客人来访，则会先开门。其他几件事情看起来也很重要紧急。比如电话响了，这可能是一个重要的电话。但是，如果这六件事全部排在非常重要的位置，事情就没办法安排了，所以一定要按照优先级排序。不是追求绝对的对错，追求的是相对的最优。

小明：关火确实很重要紧急。我觉得立刻去见领导也很重要紧急。至于客人按门铃，这件事情是急的，但未必非常重要。番茄，这是不是你约好的客人？如果是你约好的客人，那么你应该知道大概什么情况。如果不是你约好的客人，那这属于不速之客，就是他没有跟你预约，他来敲门或者按门铃的，所以这个时候，他的优先级别没有开水和见领导更重要。电话响，也是急事，但是这可能是一个重要的电话，也有可能是一个骚扰电话，所以考虑把它放在后面紧急但是不重要的位置。所以，可以这样来安排：水开了，紧急又重要，立刻处理；然后，见领导，但是去见领导的时候会开门，所以开门招呼客人，但是不立刻接待，而是另外约时间。见完领导，回来订餐，查看手机和电话的来电显示，确定是否回复电话。我来列个表（表3-11）。

表 3-11 分类顺序管理示例

属性	紧急性	
重要性	重要且紧急 水开；	重要不紧急 见领导；
	不重要紧急 门铃 / 订餐	不重要不紧急 电话 / 手机

番茄：现在很清楚了。

土豆：排序追求的是一个相对最优。可以根据自己的价值观和目标进行排序。这里只是一个例子。这种同时发生几件事需要去处理的情况是有很多的。

番茄：以后就都可以按照这种步骤来进行分类排序管理了。第一步，列出所有事件；第二步，对它们进行分类；第三步，确定它们的重要等级，再根据重要程度把事情按照优先级排序；第四步，按照排序制定计划表；第五步，执行计划。

土豆：总结得很好。

番茄：一般人的时间是怎么分配的？

土豆：通常而言，用将近1/3的时间处理第一象限重要且紧急的事情，用将近90%的时间处理第一和第三象限紧急的事情，通常只有10%左右的时间用于处理第二象限重要但是不紧急的事情。这还都是挺勤奋的人，因为只有很少的时间用于不重要不紧急的第四象限的事情。但是，遗憾的是，一般人百分之八九十的时间都在处理紧急的事情，不管是重要的还是不重要的。这可能就是现代人为什么会感觉到疲惫的原因之一。想象一下，早上一睁开眼到晚上睡觉都在处理紧急的事情，这能不身心疲惫吗？会不焦虑吗？时间长了就可能患上焦虑症了。所以时间矩阵是非常有用的，而且也是非常值得去实践的。即使没有画出矩阵图，但是脑子里有这根弦，可以做一个大致的分类，也是会很有帮助的。

小明：成功人士呢？

土豆：通常，成功人士和一般人的第一象限差不多。但是第三象限和第二象限，还有第四象限，都不同。第三象限，只用15%在不重要但是紧急的事情，第四象限则是严格控制，一般小于1%；大部分的时间是放在第二象限。也就是把第二象限尽量扩大，把紧急事件尽量减少。他们最多使用大约40%的精力处理紧急事件，并且把紧急事件尽量减少，通过规划和安排，尽量扩大第二象限，每天都做重要的事。所以一般来说，真正的成功人士不会很盲目，因为他的时间管理是从容有余的。这才是真正的成功，那种忙得脚不沾地的，可能在时间管理上还需要去做一些精进。

番茄：啊？一比较区别就出来了。如果一天大部分的时间都是在做重要但不紧急的事件的话，感觉会很淡定、很悠闲吧？相反，一天到晚处理紧急事件，一天到晚都是火烧眉毛的那种感觉，哇！时间长了就感觉自己都被在火上烤了。

小明：这就是差距啊！差距主要在第二象限。也就是说，我们大多数人的做事习惯是疲于应付，就是不断地应付各种各样的事情，导致身心俱疲。一年365天每天都是这种状态的话，真的会身心俱疲的。而且年年如此，时间长了身心真的会出问题，所以改变越早越好，不要等到出了问题再去调整，那可能花的工夫就要更多了。

土豆：这里一直在强调一件事情：扩大第二象限。因为如果不能有效地控制第二象限，第一象限就会扩大，也就是说如果不能有效安排处理好重要但不紧急的事情，它们将会变成重要又紧急的事情，那就变成了必须优先处理的事情。这样就不是时间管理矩阵的理想目标状态了。理想状态是第二象限最大，其他象限都变小，第四象限最小。只要我们合理地规划和安排，并且还坚持去做，这个目标其实不难达到。通过反复练习可以将其变成自己的习惯。如果我们的生活一直是处在第二象限，我们的状态会越来越好。

小明：时间管理矩阵的本质是事件分类和时间分配，就是事件识别与怎么去分配时间完成。尽量避免扩大第一象限，就是让那些重要又紧急的事件尽量少一点发生；第二象限多投资、多扩大；第三象限尽量减少；第四象限尽量避免。所以其实最重要的就是第二象限，如果我们的生活、工作、学习状态大部分是在第二象限，少部分放在第三象限和第一象限，那从容人生就不是梦啦。

番茄：怎么投资第二象限？

土豆：第二象限是一些准备性、预防性的工作，可以厘清价值观，可以做计划，可以使得能力提升，建立人际关系等等。防患于未然，这是很重要的。小明，在医学当中，是预防医学有价值，还是治疗医学有价值？

小明：都有价值。

土豆：但是从我们个体的角度，是在预防医学的指导下身心健康地活到100岁，还是由于不懂得做预防让自己陷入一些疾病的困扰当中，虽然经过先进医疗技术的治疗，但是余生在生活质量各方面都没有那么高的状态下生活，我们愿意选择哪一种？

番茄：肯定愿意选择第一种啊！

土豆：这就是第二象限的价值。它更多地让你的生活、工作、学习处于健康的状态。所以，有没有必要投资？

小明：有的，非常有必要。可是，我有那么多的角色，还要保持角色平衡。如果有一天，角色失衡了，怎么办？

土豆：解决的方法是**四象限矩阵**再加上**4D法则**。

还可以采用更简单的**六件事法则**简化。

从简单有效的执行开始。

小明：哦！

土豆：时间管理可以弄得很复杂，也有很多很好的工具，但是，简单管理的方法会更加好，因为太难了不容易坚持。就从最简单的开始，每天改进一点点，日积月累，变化就出现了。比如前面总结的**四象限矩阵**其实就很简单，首先是**列清单**，然后**分类**，然后**排序**。很简单，但是，贵在坚持！当坚持到习惯已经养成之后，这就不是问题了。很多人其实就是不能坚持到习惯的养成，就又会回到原来的状态，所以到最后还是管理不好时间。所以一定要简单，太复杂的事是很难坚持的。

关键在行动，现在就开始，贵在坚持，慢慢地就会发现区别，慢慢地这些区别带来的好处又会增强坚持下去的信心，坚持到最后就会变成习惯，最终会帮助你成为一个高效能人士。

时间管理，一方面是体现在一些观念、理念当中，首先要做的事情就是改变观念，因为如果没有这个观念是不会有行动的，但是改变了观念之后没有行动，那只能是一个认知，有了认知，但是没有行动，不会有明显的效果。有一句名言："不论多伟大的观念，如果不能在你的行动中展现出它的力量，它是一文不值的。"这提醒我们行动的重要性。确定好了就开始去行动，并且要配上**行动计划表**。

世界上所有的成就都是现在所塑造的。所以，要善用我们今天的时间。

刚开始接触时间管理的时候，会发现有很多很有用的技巧会帮助到我们，但是这里，也先提醒一句，当把这些技巧运用到一定的阶段之后，其实，我们需要去反思，不要陷入时间管理的误区。就是不要沉醉于为了管理而去管理，我们要记住时间管理的目的是什么。

小明：做重要的事，现在就开始，选择比努力更重要！

土豆：有所不为才能有所为。

第4章

克服拖延症

土豆、番茄和小明的第四次对话

土豆：分类顺序管理进行得如何？

小明：很好，知道每天要忙什么事情，感觉不是在瞎忙。嘻嘻！

土豆：好极了！每天都过得很好吧？

小明：呃……有时候不好。

土豆：为什么？番茄不是每天都按时提醒你吗？

番茄：是啊！我是按时提醒的，可是小明会把我的铃声按掉。

小明：有时候明明知道要做什么，可就是不想去做。番茄钟提醒了也没用。

土豆：你可能患上了拖延症哦！去找组测试题测试一下吧！

小明：嗯！

小明：怎么克服拖延症呢？

土豆：克服拖延，主要要解决三个问题：第一，明白拖延有哪些危害；第二，找到拖延产生的原因有哪些；第三，如何应对拖延。

番茄：怎样算拖延呢？

土豆：拖延是指对某个任务没有及时地去做，就是没有立刻去做，也没有安排时间去做，而是放任不管，直到时间节点来临。举个例子。比如，领导安排了一个任务，但是给的时间比较长，三个月之后的某一天需要上交一份报告。那么，是立刻就开始动手做，还是确定一个时间，还是先把任务放一边，反正时间还长着，到时候再说吧，或者等哪一天想起来再做。最后两种就是常见的拖延场景。

番茄：拖延了，也不会怎么样吧？

土豆：拖延会对人的身心健康带来消极影响，如出现焦虑、自责情绪、负罪感，自我否定、贬低，严重的还会发展为拖延症，甚至会伴有焦虑症、抑郁症等心理疾病。

小明：有那么严重吗？

土豆：比如，有一件立刻需要去做的事情，但是并没有去做，你的心里会不会有还没有完成任务的感觉？

小明：会。

土豆：这就是拖延后的一种潜意识的心理反应，拖延的习惯会使得待处理问题不断增多，引发长期在压力下工作的焦虑，进而影响健康；或者事到临头熬夜赶工甚至熬通宵，既不能保证工作质量还更损害健康。

除了这些对内在身心健康方面的影响，拖延还有很多外在危害。比如，信用卡账单到期没有还，结果就要缴纳滞纳金。

小明（掩面）：滞纳金很多啊！

土豆：再比如，跟朋友约好了一起去做某件事，但是放他鸽子了，会带来什么结果？下次他还会相信你吗？

番茄：当然不会了，至少要打个折扣。

土豆：失信的损失就是信任度被降低。比如，约了一个很重要的人会面，因为拖延，早上出门晚了又碰上塞车，本来约好是10点，结果11点才到，可能就失去一个重要机会。而这仅仅只是因为有拖延的习惯。

小明（掩面哭泣）：上一个项目就因为这么一个小问题，没有拿到。老板把我好一顿骂。

番茄：煮熟的鸭子飞了。

土豆：拖延是有代价的，后果很严重啊！所以克服拖延症成为一个重要的话题。

小明：不能再拖延了！

土豆：立志很好，实现更重要。为了能实现不再拖延的目标，你需要先了解导致拖延的原因。

原因之一：事情或者任务本身枯燥乏味。枯燥乏味会使得人失去动力，导致拖延不做。

原因之二：害怕失败的心理。人有的时候不愿意去做，是怕做不好，如果觉得这个任务有难度，怕自己做不好就想逃避，害怕失败就不敢去做，不想去做。可是，当有些事情必须要做的时候，拖延只会让这件事情变得更加棘手，因为随着任务的时间节点越来越近，就没有更多的时间去做了，这就会变成长期在压力下工作的焦虑，就会感觉到压力重重。

原因之三：不知道怎么做，不知道从哪下手，就好像一团乱麻。

原因之四：拖延已经成为一个习惯。

还有很多其他原因会被当作拖延的借口，拖延者总是很会找借口的。如果在拖延，我们会承认自己是在拖延吗？不会的，我们会有很多合理化的借口。找借口，会让人把一些不合理的理由和原因合理化，只会让自己越变越糟，一旦习惯了这种思维习惯和行为模式，我们就会习惯于不断地为自己找借口。所以我们要养成一个习惯：**不要找借口**。

其实拖拉和拖延是同义词，就是把事情推迟去做。特别是习惯性地推迟去做。而**拖拉和拖延，实质上就是不想去做，而且慢慢会变成一种习惯**。但这种习惯，不会给我们带来美好生活。只有克服拖延症，成为一个自律的人，才能踏上美好生活的康庄大道。**自律是幸福的不充分但必要的条件**。

小明：了解了。要怎样做，才能做到不再拖延呢？

土豆：针对拖延的第一个原因，解决方案是：如果有条件可以委托的话，可以委托给感兴趣的人去做，这叫做授权或者外包；如果没有这样的条件，那就承认困难，但仍要努力去做。可以通过想象这件事情完成了之后多开心或采用公开承诺的方式来邀请监督，激励自己完成。比如告诉同伴今天就要把这件事情做完。因为已经公开承诺了，想到如果承诺没有完成，就不好意思了，于是就会促使自己努力去完成。

针对拖延的第二个原因，需要克服自己心理上的恐惧。然后，立刻去做，并且坚持去做。想想愚公移山的故事。其实移山是一件不可能完成的任务，但是愚公的精神值得学习，他立刻动手去做，不但自己做，还带着儿孙一起做。行动并坚持下去，用行动来克服这种心理上的恐惧。

小明：如果这件事情超出我能力范围之外怎么办？

土豆：如实反映，寻求帮助。找出完成任务有哪些需要，比如需要得到哪些资料、哪些帮助、哪些培训，都如实反映出来。如果不敢向领导反映，那就自己去找寻所需要的这些资料和帮助，来帮助自己完成这项任务。

小明：可是没有信心啊！

土豆：如果并不是能力不足，而只是信心不足，担心自己可能完不成，那这个时候怎么办？积极主动，树立信心。

小明：怎么树立？

土豆：把任务进行拆解，分成一个一个的小任务，对小任务做好规划，然后，就像吃青蛙一样，一只青蛙一只青蛙地把它们吃掉。可以先选择那个最难的，完成了最难的，信心也会增加，然后剩下的青蛙，就可以一只一只地吃掉。

番茄：对呀，这就是之前提到过的"吃青蛙"理论！

小明：针对拖延的第三个原因，该采用什么方案来解决问题呢？

土豆：用分解任务点的方法。可以自由地切入，找一个点切进去，那么很可能这个任务点就会一个点一个点地被解开。也可以将任务分解成几个部分，或者也可以分解成某些熟悉的部分，选择先从熟悉的部分入手。还可以按照任务的顺序排序，从首要的任务入手，这样就可以一点一点地把问题解决掉啦。

而对于拖延的第四个原因，就需要建立一个不拖延的新习惯来替代之前拖延的旧习惯。

其实，在时间管理中，有一个很简单但很重要的原则——**日事日清**，就是今天要做的事情今天就完成，不要拖着不做；还有个一**分钟原则**，就是如果一分钟能做好的事情就立即处理，不要拖到后面去做。这不仅是快速处理问题的方式，还是一个能否克服拖延的问题。其实大部分人或多或少都存在拖延的问题，当拖延成了习惯，就形成拖延症了。所以在时间管理当中，一个重点内容，就是去解决拖延症的问题，甚至还有人为此成立了"战拖小分队"等等。因为拖延是人的一个不太好的习惯，很容易就会给自己找到很多借口，让自己放松，不留神就回到了拖延的习惯上。所以有的时候需要通过集体学习的方式，或者通过同伴之间的互相提醒，或者利用无形的陪伴、监督的力量，来克服拖延的习惯。

所以，克服拖延，首先需要改变旧的拖延习惯，养成新的习惯：**当决定了一件事情要去做，就不要从明天再开始，而是立刻去做**。记住这个顺序：**制定计划确定去做，执行计划立刻去做，注重效率坚持去做**。

一、制定计划确定去做

土豆：克服拖延症的第一步是制定计划确定去做，也就是选择了不拖延；接下来我们会碰到一个执行的问题，这就是第二步选择立刻去做；然后会有半途而废的可能，所以第三步就是选择坚持去做。每一步都是一个选择。

小明：难怪说人生是由选择组成的。

土豆：是的。没有最好，只有更好，选择不断优化，就会不断成长。

番茄：所以需要很努力哦！

土豆：是的，选择去努力很重要。但是在努力之前，选择正确的方向更加重要。所以要选择更正确地工作，而不是更加努力。

要更正确地工作，首先是目标正确。如果终点选择错误，那一定会到达错误的终点。

定了目标，确定去做的时候，就需要制定计划。预则立，不预则废。这是《礼记·中庸》里面的一句话，意思是事先做了计划或者做了规划去准备，那所做的事就能成功，否则的话，就会失败。可见，计划管理或者规划管理也不是新鲜事，自古就有。古人留下的这句警句，说明了计划的重要性。我们在此岸，目标在彼岸，中间有条河，怎么从此岸渡到彼岸？计划就是座桥梁，可以沿着计划这座桥梁走过去。

番茄：我听过这样一句话："如果你没有认真做计划，那么实际上你正计划着失败。"

小明：哈哈哈！说得真好！但还是有人做事时没有计划。

土豆：做事无计划的主要原因通常有几点：第一，看不到计划的重要性；第二，做事的目标不明确；第三，进取心不足；第四，懒惰，不愿意做；第五，没有掌握制定计划的方法。

小明：怎样可以有效计划呢？

土豆：计划当中包括一些制定要素，包括**为什么要做（Why）**？

何时做（When）？在哪里做（Where）？做什么（What）？谁来做（Who）？如何做（How）？也就是5W1H提问法的要素。在制定计划的时候把这几个要素都包含进去。然后，开始有效计划。

有效计划，通常分为五个步骤。

第一步，认识角色。认识角色就是认清自己是谁、认清自己所处的环境，包括自己所拥有的优势和劣势、环境中存在的机会和挑战。

第二步，设定目标。根据自己的实际情况设定合理的目标。注意：目标必须合理！不切合实际的目标不但达不到，而且带来的挫败感会影响后续的进程。目标其实就已经回答了计划中的Why。

第三步，制定计划。根据5W1H问题的答案制定计划。

第四步，逐日调整。这一步是在计划实施之后开始的。在执行计划的过程中，每天记录实际情况，并将实际与计划对比，进而发现计划需要调整之处，并在下一个工作日中予以调整。然后不断重复这个复盘和逐日调整过程。

第五步，评估总结。在计划结束后，进行评估总结，固化好的经验，总结教训，为下一次计划奠定基础。

小明：哦！那就按部就班去做就好了。

土豆：是的，如果你能充分认识到计划带来的好处，你就更愿意去做了。

番茄：计划可以带来哪些好处呢？

土豆：可以合理分配时间，有助于达成目标。

小明：认识角色和设定目标，我已经清楚了。但是制定计划、逐日调整、评估总结,具体怎么做呢?

土豆:把计划分解为一系列的小计划,包括目标计划书、待办单或者要事清单、任务清单、每日计划表、日计划、周计划、月计划。

(1)目标计划书。顾名思义,就是为了达成目标而制定的计划书。目标计划书的示例参见表4-1。

表4-1 目标计划书示例

行动编号	所需资源	开始时间	完成时间	完成人	进度跟进
行动1					
行动2					
行动3					

小明:为什么要这样来列?

土豆:因为一个角色会对应多个目标,每个目标又可以分解为一系列的行动步骤,这样一个角色通常会对应很多的行动,也就是说,会有多个目标、多个行动,还有可能会出现时间交叉或者时间冲突的问题。这样就比较复杂了。所以,需要进行分解,按照分类顺序管理的方法对目标和行动进行排序。

在认识了角色和设定了目标后,首先,可以把具体的行动分别列出来,也就是有哪些行动,统统写下来;然后,分析一下每个行动需要什么资源,为每一个行动分配资源;第三,确定什么时候开始、什么时候完成,进行时间分配,并且检查时间分配是否合理,避免因时间分配不合理给计划执行造成影响;第四,找到合适的人选来完成,并且跟进计划进度。这样就可以形成一份目标计划书。目标计划书可以连接目标和行动计划。目标不会自动达成，需要配合计划，计划又要配合行动，所以，要对应行动把目标写下来，然后确定行动次序，估计完成时间（注意要留出灵活性）。

（2）待办单、要事清单、任务清单（to do list）、每日计划表。

待办单就是把每天要做的事情列出一份清单，排出优先次序，并确认完成时间。为了避免遗忘，没有完成的事项要标注出来留到明天。待办单内容包括日常的工作、非日常的工作、特殊事情、昨天没有完成的事项，还包括行动计划当中的工作，也可以不列日常工作，只留下其他待办事项，这样就很清楚还有哪些事情需要去做。

为了让每天都做重要的事，除了待办单外，还可以把重要的事情列在**要事清单**上，最好不要超过六件要事。清单法是非常有效的一种方法，慢慢就会发现它会让我们的工作、学习和生活变得有条不紊，不再慌乱，避免焦虑。一般，每天一开始就去制定要事清单或者待办单，比如上班族，一上班就在固定时间制定待办单，只制定一张，一天不要安排太多事，可以参考**六件事法则**。然后，完成一项，划掉一项。要注意留出富余时间，应付紧急或计划外情况。如果把时间全部挤满了，一旦出现意外的事件，就没有时间处理了。

任务清单（to do list）和待办单有点相似，任务列表（待处理事项）、（待办）时间、重要性、紧急性、优先任务排序以及备注等信息都可以列入。以每一小时为一个时段把自己要做的工作列入，这样就很清楚从早到晚有哪些事情要做。如表4-2中，整理资料和客户访谈、部门例会相比是具有灵活性的，如果时间全部被占满，假设例会超过了平时的时间,或者由于某些突发事件导致必须要延长时间,那么整理资料就要调整到下一阶段去做。因此要根据设定的工作任务权重进行排序。如果涉及多人协作,还可以列出责任人、权限、期限、开始时间、预计完成时间、实际完成时间,对工作任务的计划和执行进行管理。

表 4-2 任务清单示例

序号	任务列表	时间	重要性	紧急性	优先任务排序	备注
1	整理资料					
2	设计图纸					
3	客户访谈					
4	部门例会					
5						
6						
7						
8						

每日计划表可以直观展示事件的时间排序(表4-3)。例如,要做客户访谈需要有调查表格,客户访谈的时间是11点到12点之间,那么在此之前必须做出调查表格,所以9点到10点之间再安排出时间做表格。下午是部门例会,部门例会之后3点到5点是预计的整理资料时间,但是如果例会从2点一直开到5点,那就要调整计划了,把这一未完成的事项放到下一步去做,或者如果下一天时间全部排满,就要再往后挪。还要看事件的重要性,如果不整理这些资料,第二天报告交不上去,那就得挤出时间把它完成,如果不是这么紧急,就可以放到下一

时间计划表中去。所以，计划也是有灵活性的，但是需要提前安排。

表4-3 每日计划表制作示例

时间	任务
9:00	设计图纸
10:00	
11:00	客户访谈
12:00	
13:00	
14:00	部门例会
15:00	整理资料
16:00	
17:00	

这些表单很简单，自己都能画出来，而且现在的智能手机的日历功能可以有效替代，可以轻松完成这些清单和计划表。

这些表单不必每项都做，如果之前没有使用过的话，哪怕开始使用其中的1/10，都能够感觉到变化在发生。所以一定要实践，找到适合自己的方法和技巧。

（3）日计划。**日计划**就是把一天的所有任务用清单的方式列出来，然后排序和分配时间，并且留出缓冲时间。当时间被分配好后，日计划就以每日计划表的形式呈现。当然，如果有权限去做授权的话，还可以简化，分出哪些是要自己做的事、哪些可以做授权，并且进行跟进。日计划还包括每日的复盘。复盘就是反思和沉淀。

日计划的好处是可以带来愉悦的心情。比如头一天就把第二天计划好了，那么第二天会感觉很从容。会知道哪些事情是重要的事情，然后集中精力去做这些重要的事情，也会把一些小的任务做整合。比如，在等待的时候，用手机处理事务，这就是利用碎片化时间。可以在每日计划表中做标记，提醒利用碎片化时间，长此以往就会养成习惯。

日计划的好处还有直接对周计划、月计划、年计划具备奠基作用。日计划、周计划、月计划、年计划，是阶梯状态的，所以才会有一句话："**可以过好一天，也可以过好一年。**"这是日计划所带来的效应，可以影响年度目标甚至人生目标的进度。因为年度、人生，都是由每天组成的。

（4）周计划。**周计划**就是每一周都有哪些目标，根据这些目标制定的行动计划，简化表现就是这一周的行事历。有些事情是固定的，那么在做计划的时候，就很清楚有哪些固定时间段的固定事件，可以放在周计划当中，它就自动会在每日计划表中占据相应的时间，然后再把其他的时间分配给其他的事件。这就是一周的行事历。

小明：不同的目标之间有交叉该怎么办？

土豆：如果有能力同时执行多个目标，那就多目标并行执行。但是，多目标并行执行时，要注意精力分配的问题。如果在同一个时间段内不同目标都进入到关键阶段，会导致没有办法有效分配精力。

如果没有并行执行的能力也没有关系，可以寻找其他的方法，可以排序，也可以分解。对多个目标，按照重要性和执行时间设定权重，进行排序或分解，然后再去进行相应的时间和精力的分配。

小明：所以，是不是要**提前一天做好第二天的工作计划，每周周末做好下周的工作计划，每月月末做好下月的工作计划，每季季末做**

好下季度的工作计划，每年年末做好下一年度的工作规划？

土豆：是的。从组织到个人，从日、周、月、季和年，计划都是非常重要的，而且贵在坚持。时间管理其实不难，难的是执行，并且坚持下去。

小明：制定了计划之后是不是就一成不变？

土豆：计划不是僵化的，它是可以逐日调整的，因为有可能情况会发生变化。所以，需要每日复盘，逐日调整，最后评估总结。

番茄：为什么要评估总结？

土豆：评估总结，也是复盘。在前一段时间的运行当中，一定会有一些经验和教训，一些好的经验可以整理、总结、沉淀下来，一些教训也要记录下来，分析改善措施，这就是评估总结。运营模拟中，通常也会设计这样的复盘环节。

小明：总结什么内容呢？

土豆：**首先，明确职责**。也就是经过一段时间的运行，知道哪些事情是职责所在。

其次，理顺流程。管理学中有一种先进模式叫做流程化管理。比如，起床之后是应该先穿衣服还是先洗脸呢？一般不必多想，都是直接先穿衣然后洗脸，这其实就是流程化了，直接去做就好了。为什么会形成这样一个流程？因为从小到大就这么做的，所以就成了一个流程，这就是流程化管理。看，很多时候一些高大上的词汇经过生活化的解析之后，就被发现其实是挺简单的，就在我们身边。认真分析事件之间的因果关系和发展趋势，就可以理顺流程，执行好流程化管理。

最后，固化经验。仍然使用这个很浅显的例子。请问，如果冬天起床之后，不穿衣服，直接去洗脸，可以不可以？可以。但是有可能带来一个后果——受凉感冒。评估总结会发现，起床之后先穿衣服，然后再去洗脸，这个流程更加合理。如果不按这个流程，会觉得很冷，还可能会受凉感冒，这就是固化经验。

推广到其他事情上都是一样的，经过总结，把好的经验留下来，不好的方面寻找方法改掉。

凡事都是贵在坚持。认识角色、设定目标、制定计划、逐日调整、评估总结，这五个步骤如果能坚持做下来，日积月累，效果就会显现出来。

小明：坚持下去有点难啊！

土豆：坚持一年，就会看到成效了，这会激励你继续坚持。

二、执行计划立刻去做

小明：道理我都懂，但真正做起来，有时候还是懒洋洋的，不想去做。

土豆：所以，**"执行计划立刻去做"** 是克服拖延的第二步，也是重要的一步。如果计划做得再漂亮，但是没有执行，那就全是空谈了。有一首古诗："明日复明日，明日何其多，我生待明日，万事成蹉跎。"其实古人早就把这个问题说清楚了，这就是立刻去做。在日常工作中，很多时候往往有机会去很好地计划和完成一件事，但却常常因为没有及时去做,随着时间的推移,导致越来越不想去做。所以"执行计划立刻去做"是克服拖延并实现计划的关键步骤。

番茄:嘿嘿!在小明的生活中放一条鲶鱼。

土豆:嗯,鲶鱼效应有助于促进立刻去做。

小明:什么是鲶鱼效应?

土豆:在鱼群的舒适区,鱼儿会很自由自在地在水域当中游来游去,但是,如果把一条吃其他鱼的鲶鱼放进去,那鱼群就会立刻出现生存危机,为了生存下去,鱼儿们的活跃度就会明显提高,它们的生命力就会增强,这就是鲶鱼效应。一旦出现了"鲶鱼",拖延症就不药而愈了,立刻就去做了。

小明:哦,那我还是在鲶鱼出现前就好好执行计划吧!

土豆:计划执行中,要遵循一个原则,就是PDCA(计划,执行,检查,处理)原则。也就是做计划、执行、检查、处理(改善、调整)的整个循环(图4-1),处理之后,进行改善和调整,然后进入下一个

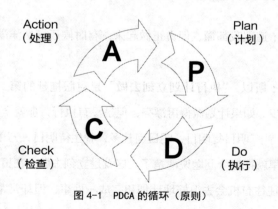

图 4-1　PDCA 的循环(原则)

循环，这就是名噪一时的PDCA原则（也称PDCA循环）。

在PDCA循环中，第一步就是制定计划，并且根据要事优先的原则选择和排序，执行就是将上一步制定的计划转化为具体的行动，之后经过检查、改善和调整形成新的计划（解决遗留问题、提出新的任务），再根据新的计划执行，确保行动向良性循环的方向发展。

小明：听起来不错啊！

土豆：关键是要行动噢！想想你向往的生活，是不是有行动的动力啦？

番茄（坏笑）：嘿嘿！来条鲶鱼……

小明：哈哈哈……我可以把它吃掉！

三、注重效率坚持去做

番茄：立刻去做之后，还会涉及效率问题吧？

小明：我感觉我的效率不太高。

土豆：感觉不一定准确，可以通过观察法来发现自己的效率。番茄，你记录一下小明在不同时段的时间效率。小明可以进行统计分析，找到自己的不同效率区，并**善用各个效率区**。

小明：效率区？

土豆：就是在不同时段的效率区间。一般分为高、中、低效率区。不同的效率区间都可以工作，只是可以根据不同的效率区分配不同的工作。比如，高效率区用来处理重大问题。千万不要在低效率区处理这些问题，避免由于不清醒或者在这些状态做出错误的决策。所以应在清醒的高效率区处理工作表中的重大问题、进行创造性的思考、制定重要事情的工作计划。一般人的高效率区通常在清晨。所以才会有"一日之计在于晨"的说法。但这不是绝对的。所以需要记录在不同时段的时间效率，来找到自己的高效率区。

小明：那么中、低效率区就安排一些非重大事项吧？

土豆：中效率区适合做一些不需要独立深度思考的工作或者需要互动性的工作，比如与同事交换意见、处理回信以及备忘录中的事件、电话联络、工作计划的细节完善等。低效率区适合做基本的工作分类、接待访客、例行性的事务等。所以不同的效率区适合处理不同类型的工作，如果没有这样的分类，就会"脚踩西瓜皮"滑到哪里算哪里，碰到什么事就做什么事，而如果有分类的话，那么在每一天的开始，首先要做的事情就会是最重要的事情。

小明：还有哪些技巧有助于提高效率、克服拖延？

土豆：第一个技巧是自己给自己设定时间期限。无论是否有时间期限的任务，自己设定时间期限，在期限之前完成并提交。比如，领导让你下星期五把这份报告交上去，下星期五是领导要求的时间，自己设定时间，这星期就把这份报告做好。那么下周一到下周五还有四天时间，这时可以有两种选择：第一个，在确保报告质量的前提下，在下星期五之前就把报告交上去，提前完成任务，给领导一个惊喜；第二个，可以在下星期把报告重新阅读一遍，检查有没有问题、有没有要修改的，确保报告的质量，然后按时交上去。无论哪一种，相信至少都不会被领导批。如果拖延，自己不设限，领导给的最后时限是下星期五，下星期四晚上才把这件事情想起来，然后熬夜写报告，说不定还得熬个通宵把报告赶出来，结果因为彻夜没睡自己脑袋也晕晕的，可能最后自己也不知道写了什么。尽管付出了健康的代价，但是交上去的报告质量却可能不尽如人意。如果你是领导，你是愿意重用一个自律、有时间规划的员工，还是总是在赶任务的这种？有时候，领导交代完事情和期限，他自己也忘了。反复几次下来，你发现领导会忘记。下次他跟你讲期限，你就不会当回事，总有侥幸心理。那如果有一天他想起来了呢？当然如果领导本身是一个很自律的人，他对时间期限是很清楚的，我们在被动的状态下也会变得非常重视时间期限。不管领导是哪种风格，最好自己养成这个好习惯。因为改变别人很难，改变自己相对容易。

番茄：还是我们自己养成设定时间期限的习惯吧！

土豆：既然设定了时间期限，就把最后期限当回事儿，而且尽量提前。这样会感觉很轻松。否则，想象一下别人在屁股后面追着你要东西的感觉……如果领导预计下星期五才能完成的报告，下星期一你就能给他了，那这是什么状态？感觉很不一样的。如果成天被别人在后面追着要东西，我们也会很不开心的，会很焦虑。如果你在做设计图，领导不断地问做好了没有，你会觉得很不舒服。所以对最后期限，要当回事儿，而且要学会提前，尽量减少无效的时间，一气呵成，也有助于克服拖延。

第二个技巧是分解。有时候，拖延是因为感到任务太大，有畏难情绪。分解任务，会使得自己对完成任务更有信心，从而激发采取行动的热情。比如愚公挖的那座山，不管大山多大，可以通过切分的方式将它切成一小块一小块，那么今天挖掉了一小块，明天挖掉了一小块，终有一天，山会被挖掉。任务也是如此，将工作分解到几个小部分，分点完成，最后就会各个击破，顺利完成任务。

第三个技巧是锁定时间，公开承诺，或者协助监督。锁定时间并公开承诺，或者协助监督，就是防止中途因为又犯拖延症了，而导致任务无法按时完成。拖延有惯性，所以，需要时时提醒自己，或者成立一个小小的团队，互相之间做一些提醒，通过公开承诺、协助监督的方式来改掉拖延的习惯，并且一直保持不拖延的习惯。把每份工作设定时限，并且公开给人知道。如果想要拖延，有一个好办法，就是你要做的事别让人知道，那么你拖延了也不会有人知道。但是，如果你公开说今天我要完成什么事件，但是你没有完成，那大家就都知道了你在拖延。出于维护荣誉的想法，你会选择今天把它完成，这就是公开承诺或者公开监督的作用。提升开诚布公程度有助于克服拖延。

第四个技巧是设计任务表自我激励。设计任务表，就是把要完成的事情、具体的任务和时间列出来，并且要贴在笔记本上或者书桌上或者墙上等可以随时看到的地方，然后激励自己去坚持。自我激励，就是自己设定的包括负面的、正面的激励，比如设定一些正面奖励激励自己，不要去拖延，只要按时做完这件事情就能得到奖励。奖励自己包括物质上的和精神上的。比如设想一下任务完成之后愉快的心情，这就是一种精神上的奖励。物质上的奖励，包括任务完成之后去吃美食或者看电影、听音乐，用这些能够感受到获得奖励的方式激励自己。在下一次执行任务的时候，能够想到任务完成之后可以得到奖励，那么就会激励自己坚持下去，形成立刻去做、完成、奖励这样一种模式。

第五个技巧是养成不拖延的好习惯。 拖延实际上是一种习惯。真的是要非常有意识地去改变，才能养成新的习惯。很多习惯，是不知不觉当中养成的。当习惯已经养成了之后，如果要去重新调整，需要非常刻意地练习，就是要刻意去做这件事情。拖延会影响进度，而进度问题常常是导致工作成效差的一个很重要的原因。截止期限前匆匆忙忙地仓促赶出来的和有充分时间去做的事情（或产品），两者显然是有差别的。如果每个人都养成了不拖延的好习惯，那进度问题就很容易解决。怎么改变习惯？**以一个新的习惯代替旧的习惯**。管理时间，克服一些浪费时间的因素，以立刻、高效、坚持去做的习惯代替拖延的习惯。可以通过前四个技巧来促进新习惯的养成。

小明： 好极了！

土豆： 注重效率坚持去做还要遵守三个原则。**第一个原则：只做重要且必要的事。** 常常问自己"现在最重要的是做什么"，而不是"我现在最想做什么"。这个问题很有价值，会确保我们每天做的都是重要的事。一些不必要的活动可以考虑去掉，因为时间总量有限。要时时意识到拖延会浪费时间和机会，并且会影响人际关系，经常这样提醒自己。为了克服拖延，还要找到自己过去进行拖延的方法。

番茄： 拖延也有方法？

土豆： 想要拖延，无形当中也会用一些方法的。比如，工作开始前，先泡咖啡，提个神，其实，这件事也可以在工作半小时后休息的时间做。再比如说我想到了今天有一件重要的事情要做，但是有点难度，所以其实不想去做，想拖着，于是就选择先看看新闻之类的。会不会有这种习惯？如果有这种习惯，那就要提醒自己，那不是因为其他原因，只是因为自己想拖延，但是拖延会带来更多的问题。还有些时候，明明手头上有一件工作要完成，但是想着先放松一下，先玩个小游戏，十分钟就好了。但你真正去做的时候，可能会由十分钟变成两个小时。有可能把整个工作时间都挤掉了，然后惊觉怎么这么晚了。所以，并不是所有的熬夜都是很有价值的。

小明：可是有时候老板会发布一些临时任务啊！

土豆：熬夜可能是因为没有管理好我们的时间，或者是别人在管理我们的时间时没有管理好。后者就是被动的熬夜。比如，晚上10点，老板突然来个消息，要求完成一项任务，这就是被动的熬夜。所以其实人人都应该把时间管理好，管理好自己的时间，管理者还要管理好别人的时间。

小明：有的时候，就会碰到这种情况，我觉得自己时间管理得很好，但是会碰上被动的打扰。比如，老板说这份设计图明天客户就要了，你今天要做出来。我正常完成一份设计图需要两天时间，但是现在只有一天时间，那怎么办？

土豆：发生这种情况有两种可能性：一种是领导的时间管理能力实在是需要学习；另一种，可能领导也很无奈，客户就是这样要求的。客户早上把设计意向发过来，要求明天就交设计图，并且如果完不成就找别家了。领导没办法，他只能这样要求你。

小明：那要怎么办？

土豆：对于职场新人，这其实是挺有挑战的。第一种方法，就是提升自己的工作技能，别人要两天完成的，我一天就能完成；第二种，提升自己的沟通技能，和领导（或客户）有效地沟通。所以，核心仍然是提升自己的技能和效率。时间管理也是一个效率问题，要减少那些无效的行为，从而提升效率。比如，做设计，可以拆解设计动作，分析其中有哪些是无效的。比如开始画设计图之前是不是也有喝杯咖啡提提神这样的习惯？

番茄：哈哈哈！改进先从内部开始。

土豆：第二个原则：**今日事今日毕，或者日事日清**。就是今天的事情今天做完。

小明：有的时候不行啊，资料还不齐全，开不了工啊！

土豆：是不是我们要等到所有资料到手才开始？

小明（**若有所思**）：也不一定。

土豆：可以先开始，有什么就做什么。就像经验丰富的家庭主妇，能够在有什么就做什么的情况下做出一桌美味可口的饭菜，但是没有经验的，就会觉得还缺很多材料，需要等材料到齐了，才能够做出来。

小明：可以列出清单来，但今天的事情如果太多了，还是很难日事日清。

土豆：如果是由于计划安排上的不合理，导致今天事情太多无法全部完成，可以把清单上必须今天完成的事先完成；完成不了的，另行安排时间完成。所以要达到日事日清，前提是合理的计划安排。

小明：不过想象一下，如果每天安排的事情都能够做到日事日清，感觉不要太好了！

土豆：第三个原则：**坚持去做**。无论多么伟大的目标、多么合理周详的计划和安排，如果不能坚持去做，那是一定实现不了的。无论多么好的方法和技巧，如果不实践，也是没有成效的。

番茄：克服拖延三步走：制定计划确定去做——执行计划立刻去做——注重效率坚持去做。

土豆：从现在就开始吧！

第 5 章

建立自动化高效
工作方式

土豆、番茄和小明的第五次对话

土豆：拖延症治好了吧？

小明：前段时间感觉已经治好了。可是最近好像又发作了……

土豆：呃……怎么会这样？

小明：我也不知道。

番茄：呜……

土豆：试试简约流程化吧！

小明：怎么做呢？

一、简约流程化

土豆：流程这个词不陌生吧？

小明：经常听到，有时候自己也用。

土豆：什么是流程呢？

小明：没仔细想过，还真说不上来。

土豆：可以理解为一系列共同创造价值的相互关联的事件过程。把一系列关联事件制定顺序，并按照顺序自动完成，就是流程化。通过崔西定律，我们知道简化工作是成功的必备要素。工作越简化，越不容易出问题。

小明：怎么简化呢？

土豆：简化工作可以分成四个步骤：罗列；选择；排序；简化。

首先,将所有重要事项罗列出来,列到第一张清单上。

其次,根据二八法则,运用5W1H查问法进行选择,看看哪些事项可以删除、哪些需要保留、哪些可以合并。经过选择之后,得到第二张清单。

番茄:5W1H查问法:为什么要做(Why)?何时做(When)?在哪里做(Where)?做什么(What)?谁来做?(Who)?如何做(How)?

土豆:第三,将经过选择以后剩下的事项进行排序,得到第三张带有排序的清单。第四,简化。

经过上述四步,是否达到了最简?能不能再简化,以达到最好的效果?越简单的流程,越有助于事件的完成。在执行当中也是这样的,流程越精简、越优化,执行的效率就越高。所以建立简约的流程,将有助于高效自动化完成工作。

小明:还是挺麻烦的,所有事情都要列清单,还要列几次。

土豆:罗列事件清单是一种消灭压力的高效工作方法。清单可以是用来记录各种事项的纸张或电子文件。清单的关键在于不让繁多的事务杂乱地占据大脑容量,记录下所有的工作,腾出可以思考的空间,也消除一堆事情没处理的莫名其妙的压力感。

小明:列清单和建立工作流程有什么关系?

土豆:列清单的过程,其实就已经开始建立工作流程了。不同类型的清单,反映了工作流程的不同阶段。根据精要平衡原则、分类顺序管理的方法和简化工作的步骤,可以通过**清单管理**的方法**建立简约**

工作流程，完整的步骤如下。

第一步，建立要事清单。

运用精要平衡原则，以终为始，找到生命中最重要的事，建立要事清单，并安排时间完成要事清单中的事项。要事清单遵循少而精的原则，一般不超过三件事。

第二步，建立未来清单。

运用分类顺序管理的方法，列出所有重要但不紧急的事项，并按重要程度进行排序，建立未来清单。未来清单主要是记录第二象限那些重要但不紧急的事项并安排时间完成。未来清单上所列事件一般不超过六件事，并定期调整。

第三步，收集并罗列任务，建立待办事件清单。

将能够想到的所有的未尽事宜或待办事项统统罗列出来，放入清单中，建立待办事件清单。通过记录的方式把大脑中被塞满的各种需要完成的事情移出来，通过这样的方式，可以减轻压力感，也可以集中精力在正在进行的事情上。

第四步，简化待办事件清单。

运用二八法则和5W1H查问法对待办事件进行选择，将可以删减的任务去除，并整理任务，能合并的加以合并，进行选择、分类、排序，并按照优先顺序列出任务执行时间表，简化待办清单，按照时间表逐项完成任务。并根据执行情况，定期整理和调整清单。

第五步，建立授权清单。

授权清单主要记录那些不重要的、可以委派他人去做的工作。

第六步，组织安排，执行清单，定期回顾总结。

现在可以按照每份清单开始行动了，在具体行动中会需要根据实际环境、时间、精力情况选择清单以及清单上的事项来行动。执行的过程中会沉淀经验教训，所以回顾也是一个重要步骤。一般需要每天、每周、每月进行回顾与检查，通过回顾及检查所有清单并进行更新，可以确保极简时间管理系统的运作，而且在回顾的同时还需要评估现状、总结经验，根据实际调整清单，并完善第二天、下一周、下一个月的工作计划。回顾总结时间不宜过长，每天15分钟，每周30分钟，每月60分钟。

流程建立以后，建立高效的**程序化工作步骤**。

第一步，建立四类清单：要事清单；未来清单；待办事件清单；授权清单。

第二步，制定计划。为每类清单中的事件进行更具体的分类与排序，建立相应的行动计划。

第三步，执行计划，回顾总结。按照每份清单及行动计划开始执行，并定期回顾与总结。

第四步，清单与计划调整。根据执行的具体情况，对清单与计划进行相应的调整。

第五步，开始新的循环。

工作是无限的，但是时间是有限的，所以需要把时间流程规划好，把时间充分地发挥和利用好，使我们的时间价值最大化。

小明：如果我没几件重要的事呢？

土豆：那就更简单，按照六件事法则就可以了。

番茄：不能贪心哦！不是每件事都必须做的。**集中精力，一次只做一件事情。**

土豆：是的。**每天坚持做最重要的事，是最简约最高效的工作方式**。

二、善用工具

小明：时间管理方面的工具有哪些？

土豆：时间管理的工具，分为传统的和现代的。传统的，通常是用纸、笔、纸质记事本；现代的，包括手机、iPad（平板电脑）、电脑、电子邮箱、应用软件等。

小明：怎么选择呢？

土豆：可以根据时间管理的目的来选择管理工具。**时间管理的目的之一是要节约时间**。所以使用工具的目的，显然也要节约时间。因此，选择管理工具的标准就是：便捷、高效率，可以节约时间。

小明：时间管理工具是不是要高大上才好？

土豆：时间管理工具不是越高大上、越复杂就越好。时间管理的目的是要节约时间，所以工具应该是简便、容易上手、容易操作的，而且最好是自己操作很熟练的。如果操作工具本身要花费很多时间，太复杂，那这个工具我们有必要去使用它吗？

番茄：专业人士的专业工具除外。

土豆：再强调一遍，时间管理的目的之一，是为了提高效率，节约时间，所以可以了解很多的工具或者方法，但只选择其中简单可行的就好。不论是传统的纸、笔等工具，还是现代的手机、iPad和电脑，适合的才是最好的。

每样工具本身都有自己的优势和劣势，哪个工具在哪个场景下省事、方便、好用，就用哪个。在选用工具的时候，尽量选用熟悉的、使用顺手的。千万不要因为工具显得高大上而去选择，而是看对你是不是最实用的。不必纠结于一定用哪个工具。工具本身是给人使用的，如果拘泥于工具的本身，而忽略了使用目的，就本末倒置了。根据工具日常使用的便利程度、适合场景来选用，不必拘泥于是传统的还是现代的。当然还有一个经济性的考虑。总之，在工具的选择上，强调简便，而简便与否因人而异，自己适用就好。便宜、高效、便捷、易用，就是好工具。

三、习惯养成

小明：管理时间，效果总是时好时坏，怎么办？

土豆：作为时间管理者，首先必须要把一些旧的不好的习惯改掉，建立新的工作方式和生活习惯，包括定目标、做计划、分配时间、权衡轻重和权力下放，加上自我约束，持之以恒，才可以提高效率，达成目标。因为时间管理的目的就是将时间投入到为达成目标相关的工作，并且达到效果、效率、效能。

小明：什么是效果、效率、效能？

土豆：效果是确定的、期待的结果，效率是用最小的代价或花费所获得的结果，效能是用最小的代价或花费获得最佳的期待结果。所以聪明的时间管理者是可以做到通过提高效率来减少工作量；通过抛开一切与自己无关的事物来减少无关的时间消耗；通过委派工作、减少会议时间、有效沟通等方式，做有成效的事；通过有条理地做事，合理安排时间。而且养成了良好的习惯。

小明：作为高效工作者，要养成哪些习惯？

土豆：第一个习惯，**善用零星时间**。在排队的时候可以干点别的吗？在不影响他人的情况下，是不是可以听音乐或者听英语单词？或者可以和其他一起排队的人聊天，增进一下彼此的感情和关系。所以要养成善用零星时间的习惯。

小明：零星时间有很多啊！

土豆：比如，通勤时间。通勤时间可以做什么？

小明：看书，看手机。

土豆：是的。比如两个小时在车上，没有打扰，那这两个小时你就可以专注地去做一件事情。善用零星时间就能把那些零零碎碎的时间收集起来，变成一个整数之后，这个数字是很惊人的。而找到这些零星时间很容易，可以都找出来，然后把它们使用起来。

小明：那就可以在通勤的时间段来学习。

番茄：有不少人就是用这种方式，学了很多东西。

土豆：这个时间段是特别有意思的一个时间段，是相对不受打扰还比较完整的时间段。

番茄：等候时间也是很多的，这些零星时间都可以被使用起来。

土豆：第二个习惯，**背包原则**。根据不同场景，分批处理不同事情。为每一个场景准备一个"背包"，里面装上在那个场景中要做的事件清单，对应不同场景，执行对应清单，这就是背包原则。比如每天安排两个小时来批量处理这类事件。两个小时之后，可能会发现一天的任务已经完成了2/3。

第三个习惯，**5S运动❶**。把5S管理用到日常并养成习惯，从而在整洁当中提升效率。5S运动比较适合从简单的开始，从桌子、电脑开始，整理自己的办公空间，持之以恒，慢慢来养成习惯。

第四个习惯，**用有效的方法获得信息**。现在信息不是太少，而是太多。不但要用有效的方法获得信息，还要学会过滤，筛掉一些无用的信息。所以，订阅真正需要的信息，避免因为信息的泛滥而无所适从。比如今天学习了"背包原则"，很适合批处理文件，明天又学习了要"拆解"，哪个更对？都对。不同场景需要不同应用。所以要了解自己的目的，获得适当的信息，包括读书也要有选择性，阅读自己需要的。那么这和人们提倡的大量阅读是否冲突？需要不需要大量阅读？

---

❶ 5S运动是指5个以日语单词的罗马注音"S"为开头的词汇，分别是：整理（Seiri）、整顿（Seiton）、清扫（Seiso）、清洁（Seiketsu）、素养（Shitsuke）。起源于日本，主要是对生产现场的人员、设备、物料、方法等生产要素进行有效管理。

也需要，但是关键是时间的有效性，要通过选择在有限的时间里获得足够的信息。

第五个习惯，**拒绝干扰**。这是一个很重要的因素。生活中存在各种各样的干扰，要学会委婉、有礼貌地拒绝。

第六个习惯，**减少无意义的活动**。无意义的活动是时间管理矩阵当中的第四象限的事件，要尽量减少它。

小明：知道了要养成什么习惯，如何才能真正养成呢？

土豆：**21天坚持去做**。

小明：如果想改变一个习惯，有什么好方法？比如，"夜猫子"型的人，晚上不想睡，早上不想起，都知道长期熬夜有损健康，要想改变这种习惯，该怎么做？靠个人意志力，每天对自己说100遍"早起早起早起"？定N个闹钟？可是闹钟有的时候会被按掉，之后继续睡。

番茄：意志力太薄弱了！自己说要早起，结果起不来。

土豆：没错，就是起不来，可能是意志力薄弱，但是批评指责没有用，问题没有被解决。其实，有一种方法：**以新的习惯代替旧的习惯**。要想早起，必须早睡，没睡够起不来很正常，睡够了自然就起来了。早起不可控，但是早睡可调整。如果在规定的时间入睡，刚开始生物钟还是会有点没调过来的，但是循序渐进，假以时日，就调过来了。所以第一步去做早睡的工作。接下来第二步就是早起。能够选择并坚持早起的，首先都是自律性比较强的人，**自律是一个人成功的关键因素之一**。

如果有人在边上监督，定时会喊"起床啦！"效果会更好，这就是集体的力量。比如同宿舍的同学，可以这么做，"起来！我们去跑步""去晨练吧！"这样的话，第一次能起来，第二次、第三次，坚持一段时间，**21天养成一个习惯**，坚持21天下去之后就不用别人再监督了，自己就能起来，不用闹钟也可以。这就是把原来的旧习惯替换掉了。所以**管理自己，其实是让自己变得更好**。有的时候我们一听管理自己，总觉得自己约束自己，好像很不舒服。其实要看动机和结果，动机和结果是导向让自己变得更好，那定一个目标，引进新的工作方式和生活习惯，改掉旧的习惯，就是很好的。但是，不要贪多求快：**一次只选一种新的技巧，而且坚持练习21天，以成为新习惯，并给自己奖励**。这样循序渐进，让管理时间成为一种习惯。当习惯养成后，流程和程序的执行就变成"自动化"的了，接下来只要坚持就可以了。

四、刻意坚持

番茄：如果只是定了一个目标，但是没有行动，没有一定的计划去实现目标，能够逆袭吗？

小明：当然是不可能的。其实每个人都是很聪明的，大家智商都差不多，只是取决于你选择去做什么和如何去做而已，并且谁更坚持去做。

土豆：然而，人总是有惰性的，所以坚持需要刻意而为。同时还要改变一个想法：约束会让我们觉得不舒服。其实更多的时候，约束是给我们划出一个界限，会让我们更加舒服。因为如果没有界限，是不舒服的。自我约束就是自律。可以找出自己认为很钦佩的人物，把他们列出来，然后去看一看他们的传记，看一看他们成功的过程当中有哪些共同点，这就是标杆，这种方法叫做对标法。所以如果选择了正确的方向，选择了做某件事情，制定了目标、计划，并且合理分配时间了，接下来就是要把时间有效地利用起来，并为了所制定的目标和计划一直努力。当走在正确的道路上，只要肯去做，并且发挥坚持的力量，持之以恒，最后自然水到渠成，功到自然成。

五、合作思维

1. 授权的利与弊

小明：有时候觉得一个人完不成所有的任务。

土豆：很正常啊！一个人的力量是有限的。所以需要优先级，需要合作啊！权衡轻重，分配时间，就是一个优先的问题。如果任务太多，或者在管理过程当中涉及与他人协作的时候，就会涉及合作的问题。合作思维主要包括授权和外包。你总是觉得自己是被管理者，其实每个人都有可以影响的人，也就可以授权。

小明：我其实也不太愿意授权。

番茄：为什么啊？

小明：不放心，如果授权出去结果还不好，还是要我自己做，甚至得做更多。授权的目的是想节约我的时间，结果反而花了我更多的时间。

土豆：授权和外包比较相似，那我们主要探讨授权吧！为什么要授权？授权的目的是让管理人员的时间利用更有效。比如管理人员有重要的事情要做，那些很琐碎的、简单的事情则可以授权给部下去做，这样就可以节省管理人员的时间。那为什么不愿意授权呢？正如小明说的，不放心，是不愿授权的一个原因。授权难不难？其实也挺难的。如果授权错误的话，有可能会带来非常严重的后果。这方面的一个典型例子就是历史上很有名的挥泪斩马谡。

诸葛亮任命马谡为前锋，镇守战略要地街亭，由于马谡骄傲轻敌导致街亭失守，造成严重后果。

所以，不愿意授权，通常是因为缺乏信心，不放心。现代也有这方面的例子。

小明：我知道一个这样的例子。

案例一

Ａ先生是公司企划部主管，有一次需要出国学习一年，出国之前把整个部门的管理工作授权给他的一个副手。他很信任他，让他全权管理这个部门。然而，一年之后，Ａ先生回来发现"江山易主"了。

番茄：什么意思啊？

小明：就是这个部门他完全指挥不动了，他名义上还是上司，但是其实没有任何的影响力。

番茄：为什么会发生这种情况？

土豆：就是因为被他授权的这位副手在他授权之后变成了实际的掌控者，同时，这位副手也不愿意继续让他做自己的上司了，就在被授权之后，通过操控手中的权力，将部门人员全部收到自己麾下。所以就发生了上面所说的一幕。

番茄：啊！会被篡权啊！

土豆：这种事件在历史上有不少。

小明：看起来授权是节约了管理者的时间。但是如果处理不妥当，反而会占用管理者更多的时间。

土豆：是的，如果授权不当，带来的后果还是要管理者自己去处理，很多时候是处理不好的。

番茄：对啊，这种"江山易主"的情况就没有办法处理，很难把原有的权限拿回来。

小明：这是管理人员不愿意授权的一个重要原因。

番茄：还有其他原因吗？

土豆：还有一个原因是管理人员自己是特别喜欢工作的人，所以认为自己全部能做好；还有可能是因为自我膨胀、需要成就感、事必躬亲等，这些是管理人员自己可以调整的。但是有些是客观条件的限制，例如没有合适的人选，这点是最重要的。你怎么能知道这个人是不是你适合的授权对象？包括外包也是。外包出去到底是更省时间还是更花时间？需要权衡，这和管理能力很有关系。管理得好，省了时间；管理不好，搭上更多的时间，还搭上其他的成本。

番茄：那么，要不要授权？

土豆：还是要授权，要有适当的授权。一个人能干完所有的事吗？干不完，特别是在一个团队当中。小团队可能好一点，团队逐渐成长起来之后，事情就多了。

小明：事情真的太多啦！

土豆：所以授权适当，从组织层面和管理层面上都是非常有必要的。授权，不是因为想偷懒，不想干活儿，而是将一部分工作任务分配出去，节约时间做其他更重要的工作，同时也会给接受工作的下属更多的成就感。不懂授权会带来什么样的结果？举个例子：

案例二

有一家私营企业，这个企业是老板一手辛辛苦苦打造出来的，从创业初期所有的事情基本上都是老板自己在干，决策都是他在做，然后随着团队逐渐成长，规模逐渐扩大，人员也越来越多，组织架构也有了，各层的管理人员也都配备了，但是老板这种"一手抓"的风格没有改变。

小明：一手抓？忙得过来吗？

土豆：是啊，虽然老板反应过人，很有前瞻性，具备敏锐的企业家直觉，他的直觉能够帮助他做出正确的决策，但是，当他的企业规模达到了一定程度之后，一手抓的风格使得老板的体力和时间显得不够用了。

番茄：企业规模达到了一定程度，那有足够的实力去聘请各种各样的能人啊！

土豆：请了很多高手，包括参谋类型的，执行类型的，决策类型的，但是，这位老板仍然更加相信自己的决策。他对于其他的部属的意见，会不太愿意去听。

小明：这样的话，下属就会选择听听老板的就是了。反正老板说怎么做，我就怎么做，省事。

土豆：是的，所有的人，包括高薪聘请来的能人，也都选择听老板的就是了，或者有些就选择自己离职了。

番茄：这样所有的风险都是老板承担，因为是他决定的。

小明：这对于下属来说是一个非常好的选择，下属根本不用去担这个风险。如果这个决定是我做的，做砸了，老板肯定要找我，反正老板做出决定，我只要做就好了，最后成功、失败老板会兜着。但是这样的话，那结果会是什么样？

土豆：当企业规模越来越大，老板会透支他的体力。老板昏倒几次了，累昏了，换谁真的都是要累昏的。

番茄：这就说明了为什么要授权。

2. 有效授权

（1）规避无效授权

小明：可是授权的坑不少啊！

土豆：授权分为有效授权和无效授权。有效授权要注意的并不是把这个事情交出去就万事大吉了，要注意沟通的有效性，并且避免倒授权，以防无效授权。

沟通的有效性是有效授权的基础。比如，三步沟通模式就可以提升沟通的有效性。

番茄：哪三步呢？

小明：这个我也听说过。简单点说，就是明确交代任务、和下属确认任务、上下级对任务的认识达成一致再开始做事情。实际上也可以说有四步。

番茄：三步或是四步，不是重点吧。

土豆：嗯，重点在于这种沟通模式不是单向传达，而是双向沟通，确认对任务的认识一致之后再开始做任务，可以有效授权。比如，领导要授权，要让下属去做一件事情，沟通当中，可以有几个回合。首先说"我有一件事情需要交给你去做"，然后把这事情的具体情况讲一遍。在一般的沟通当中，正常的是不是就结束了？

小明：对啊，下属接受任务，出去做事情。

土豆：但是，有效沟通不是这样的。刚刚只是做到了明确交代任务。

小明：哦，还要和下属确认任务、上下级对任务的认识达成一致。

番茄：噢！还要确认对方听明白了并且理解没有偏差啊！

土豆：对！讲完了之后，接着问他："我刚刚讲的有没有很清楚？"对方说："很清楚。""好，那请你重复一遍。"这个小细节很重要！那请你重复一遍。很可能重复不出来。为什么重复不出来？因为听着好像是听到了，但是又过去了。好，重复不出来，那说明在这个沟通过程中，他的下属并不清楚上司的意思。在下属重复的过程当中就发现了，下属对上司交代的事情，包括这项任务的目的、怎么去开展等等，就是上司刚刚交代的内容，双方并没有达成一致。请试想一下，如果仅仅这样沟通之后，这位下属做出来的事情能不能满足上司的要求？

小明：这显然不能。他都没有真正明白上司的意思。他们两个人领会都不一样，怎么可能会做出让上司觉得满意的事情？

土豆：是啊，既然首先在沟通层面上就没有达成一致，那么就要再来一遍。所以首先，就要解决沟通问题。上司就会跟下属继续沟通，他就会再跟他讲一遍，我请你做的事情是什么。然后又问他："你清楚了吗？""哦，清楚了。""那请你再重复一遍。"好，他又重复一遍，如果还没有达到完全一致，那就再来一遍，直到双方对这件事情的理解完全一致。好，可以出去做事了。

小明：当双方的理解都达到完全一致之后，做出事情的结果和预期会更加一致。至少会更加接近。

番茄：这才是有效授权的第一步啊。

小明（沉思）：按照三步法的沟通方式是可以沟通到一致的。不是仅仅把这件事情交给他，然后就坐在边上"静待花开"。

番茄：花是不会这样就开的。

小明：嗯，这也是授权当中存在的误区，需要注意。

土豆：还有一个问题是管理人员会存在这样一个想法：他们无法做得和我一样好。这就是管理人员的标准和要求能否被执行的问题。能够做得更好更快，当然能够说明上司的能力，但是上司一个人做不完所有的事情，所以要授权出去，来让自己的时间利用率更高。但要**注意避免倒授权**。

小明：什么是倒授权？

土豆：下属将自己应该完成的工作交给管理者去做，称做倒授权或者反向授权。比如，你授权下属做某事，但是他没多久就和你说，这里有什么情况需要解决，那里有什么情况需要解决，还有这件事能不能那样，最后的结果是需要做的事情回到你这里来了，甚至有可能更多的事情过来了。这就是倒授权。

发生倒授权的原因一般是下属不愿冒风险，怕挨批评，缺乏信心；或者管理者本身"来者不拒"，担心别人没有自己做得好，无法放心授权，或者没有提供下属完成授权的必备条件。除非特殊情况，不能允许倒授权。解决倒授权的最好办法是在同下属谈授权时，让其把困难想得多一些、细一些，也就是要做好有效沟通，在此基础上准备好必备条件，必要时要帮助其提出解决问题的方案。

（2）制定有效授权表

小明：但是有那么多不愿意授权的原因，怎么办呢？

土豆：学会有效的授权。真正地节约自己的时间，又让工作效率和企业效益得以提升。可以通过制定有效授权表来进行有效授权。把要授权的事情按照重要性和紧急性进行分类。即紧急又重要的事可以自己去做，也可以授权，但是控制程度要加大，因为这是第一象限事件；第二象限，重要但不紧急的事件，通常也是自己做，但是，可以给自己设定一个期限。第三象限，紧急但不重要的事件，做授权；**第四象限，不重要不紧急的事件，做授权**。在时间矩阵当中，第四象限，通常是不建议去做的，控制在小于1%时间占比的事件，那么这种事件就可以授权并且给予比较大的自主权。授权分出去的常常是不那么重要的事情。授权之后，是要设定一个期限，也就是对所授权的事情需要有一定的掌控度。不是授权之后就不管了，如果完全不管的话，很可能最终会导致一个无效的结果。

时间管理当中，时间管理矩阵是一个非常重要的也是非常简单有效的工具。各类事件，都可以用四象限原则来处理。在授权当中，也可以用这种方法来处理。制定一张授权表（表5-1），管理人员就可以清楚知道授权的范围。比如前面的案例一，如果部门主管在授权之前制作一张授权表，将授权的事件分类，有效授权，而不是完全授权，那即使这个部门的管理者不在部门，也不会出现最后完全被动的局面。案例二也是同样的，如果老板有一个详细的授权表，将第三象限和第四象限的事件授权出去的话，那就减少了很多时间的占用，而重要的事件仍然尽在掌握，局面不会失控。这是授权很重要的一个方法。

表 5-1 有效授权表

重要性	Ⅰ 自己做（或授权，但带有很大程度的控制）	Ⅱ 自己做（给自己设定一个期限）
	Ⅲ 授权（设定一个期限）	Ⅳ 授权（带有很大自主权）
	紧急性	

接下来可以再细分一下哪些是可以授权的工作、哪些是不可以授权的工作。比如可以授权的，包括一些专业技术性的工作，收集数据、统计数据、准备报告文书等，还有可以让他人代表出席的会议等。这类事件授权有没有可能产生问题？每一个授权当中都可能或多或少存在一点问题。那怎么处理？就是授权之后仍然要有一定的管控程度，跟进进程。比如收集和统计数据需要提供过程，代表出席会议需要回来汇报会议精神或者传达会议内容，这就是需要在授权时传递下去的要求。这样的话就会有效地把需要的信息带回来。

但是，有些工作是不可以授权的，包括下达目标、任务的最终责任、维护纪律和制度、解决部门之间的冲突、培养发展下属。这些，就不要去做授权，由管理者自己去处理。特别是**目标不要授权**。目标是你想要的目标，如果你把目标也授权的话，那就变成别人的目标了。

（3）有效授权的步骤

小明：有效授权表，这个挺好。

土豆：光制定表格，还不够。

要有效授权，可以按以下步骤进行。

第一步，预备授权。**首先，心态上的预备**。打算授权，那么就要想到这个权利是要放掉的，但是过程和结果是要管控的，所以，要有这样的一个心态上的预备。**其次，行动上的预备**。落实到行动，制定一个授权表。选择哪些事可以授权、哪些事不可以授权，对它们进行分类，选择任务界定范围。**第三，决定授权的对象**。选人很重要，选到合适的人，选对人。这两步就是选到值得授权的事和值得授权的人。**第四，制定授权任务跟进表，准备做好分析和跟进工作**。**第五，授权要留出一定的弹性余量**。人毕竟不是机器，不能设定好程序自动执行。所以，需要有一些弹性的、可以调整的行为空间。

第二步，开始授权。开始授权的重点是进行任务的指示。任务的指示必须清晰，双方理解一致。清晰指示任务包括：目标内容范围要解释清楚，还要保证下属在理解上达到一致，或者说授权双方在理解上是达成一致的；说明这个工作的重要性、期望的结果和完成的期限，并且也要双方达成一致的理解；与被授权者共同探讨工作方法和步骤，达成一致或者达成某种协议；提出跟进的方法以及检查日期，然后授予适当的权限，比如说可以调配哪些资源、可以做哪些范围之内的决策。在达成一致理解方面，可以采用前面提过的三步沟通模式。任务指示清晰了，才能对后面的结果产出有效。

第三步，授权后的跟进。授权后的跟进包括两部分：一个是进度的监督；另一个是成果的评估。授权之后要监督进度、评估成果。这样，才能结合前两步，共同做到有效的授权。在监督的过程当中，要表现得是一个支持者、是一个鼓励者,要鼓励下属们去把上司授权的事情做好,并且随时给予支持,进行帮助和建设性的反馈。在这个过程当中也会需要协商,如果必要可以调整计划,但是要和下属们进行充分的沟通。在授权工作结束之后,对结果进行验收,根据验收结果,对被授权者表示感谢、赞许。这里有一个小技巧,就是多使用肯定性的话语。肯定性的话语比否定性的话语带来的动力更大,效果更好。

小明:哦,清楚了!

(4)外包

番茄:听说现在很流行外包,外包和授权是一样的意思吗?

土豆:外包和授权在某种程度上有一些相通之处,都是委托他人来完成任务。两者都是一个思维方式的转变。也就是从什么事情都自己亲力亲为,转变为分工合作思维。可以把外包看成是一种特殊的授权。可以从成本的角度去理解外包,就是说当让别人做比让你自己做的效果更好、成本更低,那么就可以选择让别人去做,这是外包管理的一个核心的内涵。然而,外包就像授权一样,并不是包出去了就什么都不用管了。包出去了就什么都不管,这个事情十有八九可能要搞砸。外包,只是因为别人比我更擅长。比如你更擅长画图,而我恰巧不太擅长画图,我画一幅图可能要五个小时,你画一幅图大概两个小时,那么从最优选择来说,应该是你画图的时间利用率是更高的,这样就可以考虑把这件工作外包给你。因为从成本角度来算,外包是更加合适的一个选择。同样，外包也要有监督的过程。**首先，要选择合适的承包者。其次，在过程当中要进行跟踪、协调、监督**。最终，才会产生一个大家都满意的结果。这就是外包管理。外包也是时间管理方法的一部分。外包其实可以理解为花钱买别人的时间。和授权本质上是一样的，就是把这部分对你来说不是特别重要的，或者对你来说不是特别精通的事情，请别人来完成。这是为了提升自己的时间的利用率。

番茄：理解了！

第6章

保持精力

土豆、番茄和小明的第六次对话

土豆：今天工作都顺利吧？

小明：很顺利，但是感觉精力有点不够，还觉得有点沮丧。

土豆：你需要休息一下了，去度个假，放松一下吧！

小明：那工作怎么办？

土豆：必要的休闲是高效能工作的基础。忙到无法照顾自己健康的人，就像工匠忙到无法照顾自己的工具一样。至于工作，可以调整时间或者授权出去。

小明：有道理！番茄钟，你也放个假吧！

番茄：好嘞！

一、生理节奏法

土豆：可以研究一下自己精力最充沛、头脑最清醒的时段，每个人都有自己的生理节奏。大多数人都是早上头脑比较清醒，精力也很充沛，这个时间段，可以做最有价值的事情。也有一些人，精力最充沛、头脑最清醒的时间是晚上。所以要去研究一下自己的生理节奏，总结一下注意力集中的时间有多长，在这个时间内解决重要问题。**该休息的时候一定要休息，在感到疲倦之前就休息**。这就是生理节奏法的要点。

番茄：每个人的生理节奏都不一样吗？

土豆：不是这么绝对。多数人精力最充沛的时段都是早上。早起之后，工作的状态和效率是很高的。但是也有特例，就是生理节奏比较特别的。就有这样一个人，他是每天晚上八点一定睡觉，手机关机，谁找他也不理，睡到凌晨两点起床，然后一直工作。这就是他的生理节奏，他是从凌晨两点工作到早上八点，他说那个时候是他工作效率最高的时候，而且没有人打扰他。但这是个案，不是每个人都要这么做。按照传统中医理论，这和养生时间相冲突。但是，如果有人习惯了每天晚上工作，并且一直如此，他的生物钟也就和他的工作惯性一致了。所以，我们还是需要找到自己的工作惯性。如果分析之后发现这个惯性和自己的生物钟合拍，符合生物节奏法，对工作和健康没有危害，就可以继续保持。如果是晨间型的，那就继续保持；如果是晚间型的，很适合这个，觉得身心都很舒畅的，那也可以保持；如果是随时型的，那是适应能力非常强的，随时都能进入状态，也可以继续保持。

小明：有没有可供参考的模式？

土豆：这个其实可以因人而异，不必一概而论。当然，不少名人都推荐早起，这也说明上午的工作效率一般会更高。

小明：其实具体哪个时间段不是重点，重点是在精力旺盛可以达到效率最高的时段，可以选择集中精力处理重要的问题或者复杂的工作、进行创造性思考、讨论或制定工作计划。在效率中等的时段，可以与他人沟通、开例行会议、处理回信、规划行程表。在效率最差的时段，可以处理例行性的简单事务、基本的行政工作。

番茄：每一天都有高、中、低效率区吧？

土豆：一般来说，是这样的。

小明：那按照效率高低分区后，再把一天的任务也进行相应的分区，这样的话，一天能完成很多事情啊！哈哈哈，真是太好了！

土豆：可以这么理解。事实上，时间管理并不是管理时间，因为我们实际上是无法管理时间的，我们能管理的是自己以及自己与时间的关系。所以需要**合理规划，善用最有效率的时段**。

二、情绪管理

番茄：我发现小明的情绪对他的工作效率很有影响。高兴的时候，他工作效率可高了，有时候还能提前完成任务。但是，沮丧的时候，他就什么也不干，或者心不在焉地做事。

土豆：情绪会不会影响我们的工作状态？

小明：非常影响。情绪满满的时候，做事情感觉特别顺心。情绪很饱满的工作状态和情绪非常不好的工作状态，效率很不一样。

土豆：所以，如果有一天主管发现自己的下属本来是一个效率很高的人，可是有一段时间他突然效率非常低，那需要去关心一下他，有可能是因为某些事情影响了他的情绪，以致他的效率低迷。在了解原因之后，再相应地通过适当方式进行调整，或者让他去休息一段时间假，等他恢复饱满的情绪状态，再来工作。

小明：如果有这样的条件，当然最好。

土豆：如果没有条件，就尽快通过休息或者运动，调整好自己的情绪。

小明：刚开始听到时间管理的时候，直觉地想到的就只是时间，以为就是要怎么去管理时间。实际上这只是时间管理的一部分内容，排程、备忘录、行事日历表等这些都是时间管理当中比较基础的也是重要的部分，确实是在管理我们的日程、管理我们的时间。但是现在发现，时间管理其实是一个系统，远远不仅仅是这几点。

土豆：我们的生命由时间组成，人生由时间组成，所有的事物由时间组成，也就是说时间确实是一个非常重要的载体，是和我们相伴的这样一个存在。所以我们对时间管理的研究，其实可以说是包含一切的相关的研究。从个人的角度来看，除了关于时间的排程，自我管理当中，管理时间、事和情绪是相关的。情绪显然会影响我们。比如，今天早上情绪很低落，那么做事的效率就没有情绪很高涨的时候高。同样是我，但是在不同的情绪状态下，做事的效率、效果会有些不一样。当情绪很好的时候，无论是待人接物还是处理问题，我们的状态会更佳。情绪管理是时间管理发展的一个新趋势，把情绪管理好，让我们的情绪与我们和谐共处，对于时间效率的提升和身心健康都是非常重要的。

番茄：情绪是什么？

土豆：我们的喜怒哀乐都通过情绪来表现。由于先天的基因和后天的成长环境，共同造就了我们的一些特征，其中也包括我们的一些情绪特征。比如有些人就很善于控制他的情绪，就是喜怒不形于色的，或叫做"扑克牌脸"，你是看不到他的情绪变化的。还有一种是"直肠子"，就是所谓性情中人，喜怒哀乐是很容易从他的脸上看出来的，他今天很高兴，脸上"阳光灿烂"，他今天心情不好就摆一张"臭脸"。但是作为社会人，我们是不希望这样做的。在社交当中，如果你总是闹情绪，这显然是不太适当的。但是情绪管理，其实没有这么简单，并不是意识到了就能管理好，如果有这么简单的话就没有那么多因为情绪而引发的各种问题了。情绪是一个非常大的问题，也会引发疾病。有一种观点认为，现在很多的疾病，70%的病因是情绪问题。

番茄：那情绪是不是一个坏东西？

土豆：也不是。情绪本身是中性的，只是要看如何去调控它。比如情绪低落的时候，可以出去运动，聊聊天，听听音乐，把低落的情绪及时调整过去。关于这方面，有很多医学、社科类的书籍都有谈到。而在时间管理当中，主要是探讨情绪对时间管理的影响。不良情绪对时间管理是没有帮助的。比如，现在这个时间段，你虽然设定好了计划，但是你发现现在状态不佳，现在啥也不想干，就是不想干，这是不是发生情绪问题了？

小明：嗯，可能是由于某些事件，引发了这样的情绪问题。有的时候，也是没有来由地就闹情绪。

土豆：我的情绪我的心。那需要从内心去寻找答案了。情绪是可以反映内心的。

小明：有些问题，比如找东西，会让时间受损耗，同时还会让心情受影响。比如正要出门，要开车了，突然发现车钥匙找不着了；把车子停在地铁站，下了地铁之后，发现车钥匙找不着了。可能是落在办公室了或者哪里，反正就没找着，结果，只好打出租车进行下一站活动。

土豆： 这就属于物品的管理方面还需要改进。这肯定会对时间使用产生一点浪费的。所以不是不断地压榨自己的时间，也不是把时间精确到一分一秒全部挤满了才行。能够善用时间才能够将时间管得更好。

小明： 如何从时间的角度，去理解情绪管理？比如我现在状态不好，心情不佳，这个时候我什么也不想干，那怎么办？

土豆： 从时间的角度来说，如果这个时候你什么都不想干，那你可以去运动。这样的话，没有浪费时间。如果把时间用在发怒、发泄情绪等等，从时间的角度上看，时间也是使用了，但是效果很不好。因为怒伤身啊！负面情绪是对健康不利的。但是，如果你发泄情绪的方式是去运动，那是比较好的方式。因为既解决了情绪问题，还顺便锻炼了身体。现在就有一种情绪管理方式，叫运动减压法。还有一种是音乐疗法，就是通过听优美舒缓的音乐来保持情绪的稳定。

小明： 如果用一些不当的方式去处理情绪问题的话，过后想一想，会觉得这个时间花得有点不值。

土豆： 所以，可以从时间的利用度的角度去思考情绪问题的处理方式。想想与其把时间浪费在不良情绪上，还不如把这个时间用于去做一些让自己能够开心、让自己能够健康的事，同时又能够从不良情绪当中走出来。其实很多时候就是一个转念，就好像拐个弯，就过去了，如果一直在那里"钻牛角尖"，就会碰壁。就好像一堵墙在那里，我们是选择直接撞上去，还是从某处拐个弯，发现还有一条新路？

小明：嗯！寻求调整自己情绪的有效办法，别把时间浪费在不良情绪中。

土豆：保持好情绪，提高工作效率，让身心更健康。

三、精力管理

小明：为什么要做精力管理？

土豆：精力管理被认为是时间管理发展的一个新趋势。精力管理的观点，就是说不仅仅要管理时间，还要管理精力。精力跟情绪是相关的。比如某个时间段，假设八点到九点，计划好了在这个时间段要完成一个报告。但是由于情绪或者由于昨晚休息的质量问题，在八点到九点这个时间段，状态很不好，感到没有精力。这就会影响工作了，就需要精力管理了。也就是说，在这个时间段，不仅仅要关注做不做某件事情的问题，也要考察精力有没有达到很充沛的那种状态。**精力管理，包括管理时间、休息、运动、体能，还有意志。**

精力管理起初是一个研究小组和运动员合作开展起来的项目。

运动员在比赛的时候，一定要发挥出最佳状态，才能取得最好的成绩。运动员运动生涯黄金时期不会很长，所以每场比赛都非常重要，必须尽可能取得最好的成绩。所以对于他们来说，精力管理的问题非常关键，就要研究在比赛的时候怎样使他们保证有足够的精力。比如，比赛的时候大家都要拼体力，一场比赛下来，双方都会消耗体力，这时对于两个技术水平差不多的运动员而言，他们的体力就可能会是最后决定胜负的一个分水岭。其实技术水平的差异拉开的距离可能有限，因为大家平时都训练，练好了才上场比赛。这样到了临场的时候，决定胜负的关键就不仅仅是技术水平了，尤其是技术水平相当的，临场的心理调节能力和保持体能的方法就显得非常重要了。有一位网球选手，他是赛场上的常胜将军。他为什么常常取胜？因为他能够在比赛的间隙得到一种高效休息。这个间隙对手也有，但是对手没有把它利用起来。这个间隙是什么？每一球打完之后不是要走回到原地吗？就在那个走回原地的过程当中，他的身体开始休息。这也是一种训练，这就是他可以比对手多保持一点体力的秘诀。

所以研究人员就开始发现精力管理的重要性了。同样都是这个时间段，一场比赛下来双方的时间是一样的，但是双方能够保持的精力是不一样的，最终的体能是不一样的。所以精力管理，就从和运动员的合作项目开始，延伸到时间管理中。因为人们发现时间管理非常有必要延伸到精力管理。就是把一个人整体的精力状态作为研究重点，这就是精力管理的雏形。

精力管理也包括碎片管理，即碎片化时间的利用。**碎片管理**的意思是不仅仅把零星时间利用起来，而要用项目管理的方式，把这些零星的时间做成一项连续的工作。就好像把一些布料的边角碎片拼成一块完整的布料。虽然都是碎片时间，但是不同的碎片拼起来之后成为一个整片，就变成一个整片的时间。从零星到连续的这种工作的完成方式，就叫做碎片管理。

精力管理还包括**练就健康身体、保持身心最佳、高质高效的睡眠**。其实养成运动的习惯，这是从年轻的时候就可以培养的。但是，当我们年轻的时候，身体状态都处于很好的阶段，可能我们不会过多地意识到健康的重要性。因为健康就在手中，人们总是容易忽视已经拥有的，一旦失去了，才发现其重要性。事实上，健康对于任何一个管理活动来说都是非常重要的，所以运动不是有机会才做的。最好在行事历上加上这个项目，然后固定时间和地点运动，并且定时健康检查。另外，睡眠也是非常重要的。相比较而言，现代人的睡眠时间缩短了很多。

番茄：为什么呢？

小明：可能是各种事务太多了，只好减少睡眠时间，通过这种方式来争取到一些时间。

番茄：但是这个方式有效吗？

土豆：其实效果不好，也不可持续。牺牲睡眠，可能会带来暂时的任务完成，但是付出的健康代价迟早要还的。

小明：所以，现在有一种提高效率的方法叫做高效睡眠。就是快速地入睡，拥有高的睡眠质量。

土豆：有效休息是高效率的原动力。**善于管理时间，要留出给自己休息的时间。有效的休息可以有效地增进工作效率**。忙到无法照顾自己健康的人，就像工匠忙到无法照顾自己的工具一样。当我们发现工具坏了的时候，才会深深地感受到这句话是真的很有道理，修理工具要付出一定的代价和时间，有时候可能还修不好。所以需要**练就健康身体，保持身心最佳**。

结束语

土豆、番茄和小明的第七次对话

土豆： 假期愉快吧？

小明： 非常愉快。我现在感觉状态很好，昨天一天就完成了上个月积压的所有工作。感觉好极了！

土豆： 太好了！真是劳逸结合，事半功倍呀！

小明： 是的。番茄也是个很好的小助手，准时提醒我，工作、学习、生活都不耽误。

番茄： 这是我的荣幸。

土豆： 小明现在的状态不错呀！

小明： 现在发现，其实知道了真正需要的时间管理原则，管理时间一点也不难，工作也变得很有意思了！哈哈！我现在心情很舒畅。

后记

小明、土豆和番茄的共同祝福：

在工作、学习、生活中要很好地平衡各种角色任务，就必须善于利用自己的时间。然而事务是无限的，时间却是有限的。**坚持精要平衡原则，善做减法，以终为始，找到要事，并将80%的时间和精力投入到要事中。**

时间是最宝贵的财富。没有时间，计划再好、目标再高、能力再强，也是空谈。时间是如此宝贵，但它又是最有伸缩性的，它可以一瞬即逝，也可以发挥最大的效用。时间就是资本。每个人生而有之，每天24小时，人人平等。善于管理时间，就是善于管理这生而有之最宝贵的财富，可以使时间价值最大化，进而达成高效、从容、精力充沛的工作和生活，并且平衡角色，保持平静的心，享受工作、家庭和生活，享受人生的每一天。

愿本书能够帮助想要从烦琐事务中寻找到平静和从容的人们！

祝愿每一位读者都能运用精要平衡原则，找到生命中最重要的，并且要事优先，让时间陪伴您从容享受走向幸福的路程。

祝您成功！心想事成！